これからの介護・福祉事業を担う経営"人財"

介護福祉経営士テキスト

実践編 II

医療・介護福祉連携と
チーム介護

全体最適への早道

苟原　実 編著

JMP 日本医療企画

● 総監修のことば

なぜ今、「介護福祉」事業に経営人材が必要なのか

　介護保険制度は創設から10年あまりが経過し、「介護の社会化」は広く認知され、超高齢社会の我が国にとって欠かせない社会保障として定着している。この介護保険制度では「民間活力の導入」が大きな特徴の1つであり、株式会社、社会福祉法人、NPO法人など多岐にわたる経営主体は、制度改正・報酬改定などの影響を受けつつも、さまざまな工夫を凝らし、安定した質の高いサービスの提供のため、経営・運営を続けている。

　しかしながら、介護福祉業界全般を産業として鑑みると、十分に成熟しているとは言えないのが現実である。経営主体あるいは経営者においては経営手法・マネジメントなどを体系的・包括的に修得する機会がなく、そのため、特に介護業界の大半を占める中小事業者では、不安定な経営が多くみられる。

　安定的な介護福祉事業経営こそが、高齢者等に安心・安全なサービスを継続して提供できる根本である。その根本を確固たるものにするためにも体系的な教育システムによって経営を担う人材を育成・養成することが急務であると考え、そのための教材として誕生したのが、この『介護福祉経営士テキストシリーズ』である。

　本シリーズは「基礎編」と「実践編」の2分野、全21巻で構成されている。基礎編では介護福祉事業の経営を担うに当たり、必須と考えられる知識を身につけることを目的としている。制度や政策、関連法規等はもちろん、倫理学や産業論の視点も踏まえ、介護福祉とは何かを理解することができる内容となっている。そして基礎編で学んだ内容を踏まえ、実際の現場で求められる経営・マネジメントに関する知識を体系的に学ぶことができるのが実践編という位置付けになっている。

　本シリーズの大きな特徴として、各テキストの編者・著者は、いずれも第一線で活躍している精鋭の方々であり、医療・介護の現場の方から教育現場の方、経営の実務に当たっている方など、そのフィールドが多岐にわたっていること

が挙げられる。介護福祉事業の経営という幅広い概念を捉えるためには、多様な視点をもつことが必要となる。さまざまな立場にある執筆陣によって書かれた本シリーズを学ぶことで、より広い視野と深い知見を得ることができるはずである。

　介護福祉は、少子超高齢化が進む日本において最重要分野であるとともに、「産業」という面から見ればこれからの日本経済を支える成長分野である。それだけに日々新しい知見が生まれ、蓄積されていくことになるだろう。本シリーズにおいても、改訂やラインアップを増やすなど、進化を続けていかなければならないと考えている。読者の皆様からのご教示を頂戴できれば幸いである。

　本シリーズが経営者はもとより、施設長・グループ長など介護福祉経営の第二世代、さらには福祉系大学の学生等の第三世代の方々など、現場で活躍される多くの皆様に学んでいただけることを願っている。そしてここで得た知見を机上の空論とすることなく、介護福祉の現場で実践していただきたい。そのことが安心して老後を迎えることのできる社会構築に不可欠な、介護福祉サービスの発展とその質の向上につながると信じている。

総監修

江草安彦
社会福祉法人旭川荘名誉理事長、川崎医療福祉大学名誉学長

大橋謙策
公益財団法人テクノエイド協会理事長、元日本社会事業大学学長

北島政樹
国際医療福祉大学学長

(50音順)

● はじめに

高い視点と広い視野を持った介護福祉経営士を目指して

　2000（平成12）年4月からスタートした介護保険制度は、高齢化の進展に伴って利用者数を伸ばし、わが国の介護のあり方に大きな変化をもたらしました。さらに、介護産業として多くの雇用を生み出しただけでなく、ケアマネジャーという新しい職種も誕生しました。介護現場での経験を重ねることで、キャリアアップが可能です。ホームヘルパー2級（2012［平成24］年度末に介護職員初任者研修へ移行）から始めて、3年の経験で介護福祉士、5年の経験でケアマネジャーの受験資格を獲得できます。

　当診療所では1999（平成11）年からホームヘルパー養成講座を行っており、これまでに300名以上のホームヘルパー（介護職員）を世に送り出しています。これらの人の中には、介護施設長になったり、ケアマネジャーとして活躍したり、自ら介護事業を始めた人もいます。やる気と能力があれば、資格とともに仕事の範囲も広がるのです。

　介護職員として働き続きたいと希望する人も多いと思いますが、新たな資格をとってキャリアアップを図ることで、介護の質が向上していくことは間違いないでしょう。ぜひ勉強を続け、資格取得に取り組んでいただきたいと思います。そのことが、介護サービスを受ける利用者も幸せにするのです。

　良質な介護サービスを提供する前提としては、事業者の経営が安定することがとても大切です。安定した経営で黒字を出すことで、雇用が保障されて介護職員も安心して働くことができます。不安定な経営からは、よいサービスは生まれません。

　また、介護職員からキャリアアップして施設長などの責任ある地位に就いた場合には、経営の視点を持つことが欠かせません。立場が変わると、職場の風景も違って見えることが多いものです。自分たちの給与がどのように拠出されているのか、職場の環境をよくするためにはどうしたらよいのか、現在の介護保険制度における課題は何か、などを考えていくことが、経営的視点を持つことにつながります。

介護の現場で高齢者の方々の笑顔に接することを生きがいと考える人は多いでしょう。その生きがいを失わないためにも、介護保険制度によって多くの高齢者がよりよい介護を受け続けられるようにするためにも、高い視点と広い視野を持った介護福祉経営士が増えてほしいと思います。

　本書が、日々現場で介護を実践されている皆さまのお役に立てることを願っています。

苛原　実

CONTENTS

総監修のことば……………………………………………………… II
はじめに……………………………………………………………… IV

第1章　医療・介護福祉連携 ……………………………………… 1

 ① 医療・介護福祉連携の必要性………………………………… 2
 ② 社会情勢の変化①
  人口減少を伴う少子高齢化の影響、死亡者の増加……………… 4
 ③ 社会情勢の変化②
  独居、老人世帯の増加による介護力の低下…………………… 11
 ④ 社会情勢の変化③　疾病構造の変化による影響……………… 13
 ⑤ 社会情勢の変化④　病院数の減少による影響………………… 15
 ⑥ 社会情勢の変化⑤
  社会構造の変化に伴う医療・介護福祉への影響……………… 17
 ⑦ これからの医療・介護福祉連携とは…………………………… 19

第2章　チームケアの基礎知識 …………………………………… 25

 ① チームケアとは何か……………………………………………… 26
 ② 環境要素Ⅰ　医療……………………………………………… 31
 ③ 環境要素Ⅱ　介護……………………………………………… 43
 ④ 環境要素Ⅲ　行政……………………………………………… 55
 ⑤ 環境要素Ⅳ　コミュニティ……………………………………… 59
 ⑥ チームケアに関わる職種と役割………………………………… 61

第3章　チームケアの実践 …… 71

1. カンファレンス …… 72
2. リハビリテーション …… 79
3. 認知症 …… 85
4. 終末期ケア …… 104

第4章　医療保険と介護保険 …… 117

1. 医療保険と介護保険の基本理解の重要性 …… 118
2. 医療保険 …… 119
3. 介護保険 …… 129
4. 在宅における医療保険と介護保険の区分け …… 131
5. 医療と介護の連携を進める報酬 …… 137

第5章　医療・介護福祉連携の課題と展望 …… 145

1. 医療・介護福祉連携により解決すべき課題と展望 …… 146
2. 看取りの場 …… 147
3. 認知症と老老介護 …… 152
4. 膨らむ社会保障費 …… 157

第 1 章
医療・介護福祉連携

1. 医療・介護福祉連携の必要性
2. 社会情勢の変化①　人口減少を伴う少子高齢化の影響、死亡者の増加
3. 社会情勢の変化②　独居、老人世帯の増加による介護力の低下
4. 社会情勢の変化③　疾病構造の変化による影響
5. 社会情勢の変化④　病院数の減少による影響
6. 社会情勢の変化⑤　社会構造の変化に伴う医療・介護福祉への影響
7. これからの医療・介護福祉連携とは

1 医療・介護福祉連携の必要性

1 高齢者をめぐる社会情勢の変化

　21世紀に入り、わが国の社会情勢は少子高齢化の進展など劇的に変化しています。特に大都市圏で高齢化は急速に進み、団塊の世代が75歳以上の後期高齢者となる2025年までに、医療・介護福祉連携の構築により生活の場で障害のある高齢者を支えるシステムづくりが求められています。まず、現在起こっている社会情勢の変化を確認していきます。

（1）人口減少を伴う少子高齢化の影響、死亡者の増加

　高齢者人口の増加に伴い、死亡者数が増加しており、高齢になるほど発症率が高くなる認知症の人も増えています。

　また、出生率の低下による人口の減少も進んでおり、高齢化率を押し上げています。さらに、高齢化が急速に進み高齢者数が増加するのは大都市とその周辺部であり、障害のある人々を支える地域包括ケアシステムの充実が必要です。

（2）独居、老人世帯の増加による介護力の低下

　都市部を中心として地域のつながりが希薄となり、孤立死の増加など地域社会の崩壊ともいえる現象が起きています。高齢者の独居や老人世帯も増加しており、本人が希望しても自宅での療養生活が介護力低下のために困難となっています。主として経済的な理由から介護力不足の厳しい環境の中で暮らす障害者も増えています。

（3）疾病構造の変化による影響

　生活習慣や食生活の欧米化により疾病構造も変化しており、運動不足などを原因の1つとする生活習慣病等の慢性疾患が増加しています。医療の進歩によりかつては死亡することが多かった脳卒中や心筋梗塞を救命することができるようになりましたが、一方で、障害が残り介護支援を受けながら地域で暮らす人が増えています。さらに、急性期の病気は治っても、高齢者の場合は入院による臥床のために、歩行が困難になるなど生活援助を必要とする人も増えています。

（4）病院数の減少による影響

　疾病を治療する病院数は減少しており、病院での平均在院日数を短縮して、疾病が治れば早期に地域に戻されるようになっています。受け皿となる介護老人保健施設などの多くは満床状態で、介護施設の増加も頭打ち状態であり、障害のある状態で自宅に戻る人も多いのです。すなわち、生活の場での介護力が減少しているにもかかわらず、地域の中で暮らす障害者が増えているのです。また、自宅での生活維持が困難な人は施設入所となることが多く、施設での医療ニードが高くなり、看取り数も増えています。

（5）社会構造の変化に伴う医療・介護福祉への影響

　社会保障費は増加の一途をたどっているにもかかわらず、現役世代の減少により税収は低下しており、国の財政を圧迫しています。年金の維持も困難を極めており、診療報酬や介護報酬も頭打ちの状態で、医療機関や介護施設運営の厳しさが増しています。社会保障を維持するための適切な国民負担と給付のあり方について、国民の理解を得る必要があります。

　本章では、これらの社会情勢の変化について詳細を述べることで現状を認識し、医療・介護福祉連携の必要性が増してきていることを確認します。

2 社会情勢の変化①
人口減少を伴う少子高齢化の影響、死亡者の増加

（1）少子高齢化

　第二次世界大戦直後のわが国の平均寿命は50歳以下でしたが、生活水準や公衆衛生水準の向上、医療機関の増加と医療の進歩により、平均寿命は急速に伸びて、2010（平成22）年の段階で男性79.64歳、女性86.39歳と女性は世界第1位、男性は世界第4位となっています。高齢化率においては世界一の長寿国となっており、高齢化は総人口の減少を伴いながら進行しています。出生率の変化の影響もありますが、2009（平成21）年時点の1.37の出生率程度で今後も推移すると仮定すると、2055年には総人口は2005（平成17）年の1億2,777万人から8,993万人へ減少して、高齢化率は41％に増加すると予測されています（**図表1-1**）。

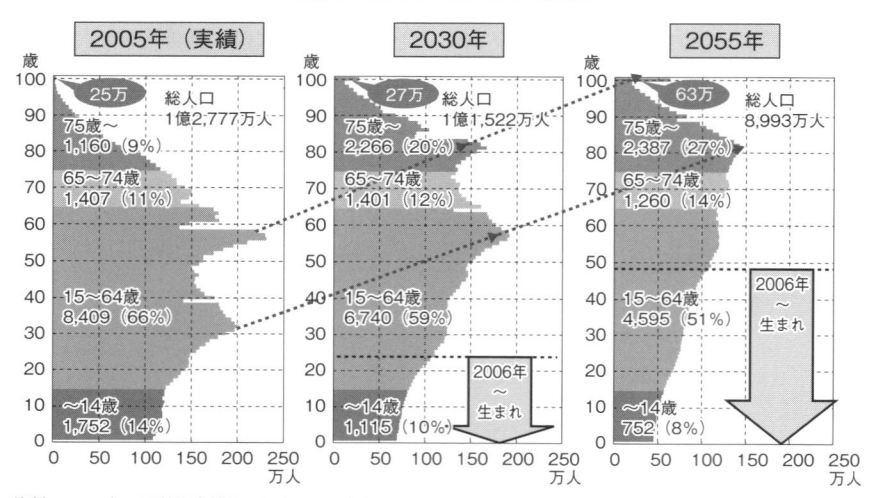

図表1-1 ●人口ピラミッドの変化

	2005年（実績）	2030年	2055年
100歳以上	25万	27万	63万
総人口	1億2,777万人	1億1,522万人	8,993万人
75歳～	1,160（9％）	2,266（20％）	2,387（27％）
65～74歳	1,407（11％）	1,401（12％）	1,260（14％）
15～64歳	8,409（66％）	6,740（59％）	4,595（51％）
～14歳	1,752（14％）	1,115（10％）	752（8％）

資料：2005年は国勢調査結果。総人口には年齢不詳人口を含むため、年齢階級別人口の合計と一致しない
　　　2030・2055年は国立社会保障・人口問題研究所「日本の将来推計人口」の出生中位・死亡中位仮定による推計

これらの変化は、医療、介護、年金などの社会保障費の増大や、労働人口の減少など社会全般に大きな影響を与えます。

（2）都市部を中心に高齢者が増加

高齢化率の上昇には地域差があり、大都市とその周辺部で急増することが特に問題です（**図表1-2**）。これらの地域では病床や施設が不足しており、かかりつけ医による医療提供と地域の介護資源が連携して、障害のある地域の高齢者を支えていかなければなりません。

図表1-2●都道府県別高齢者数の増加状況

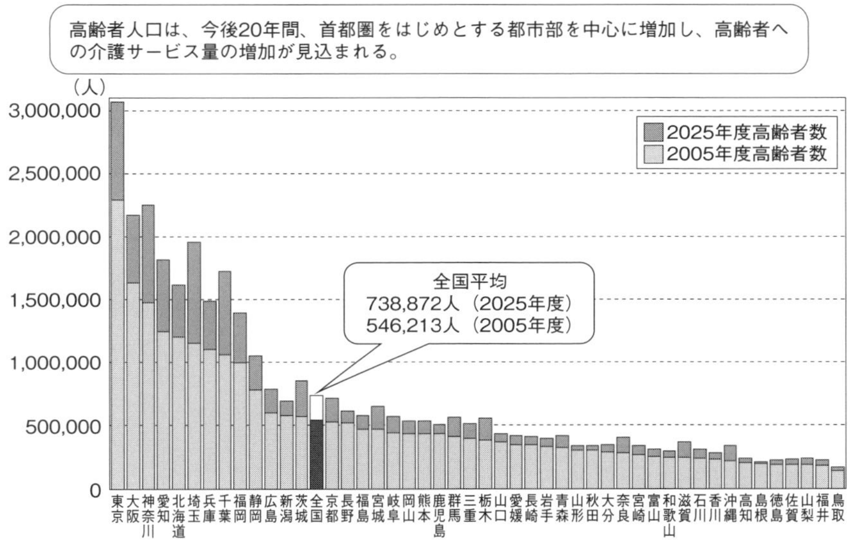

高齢者人口は、今後20年間、首都圏をはじめとする都市部を中心に増加し、高齢者への介護サービス量の増加が見込まれる。

全国平均
738,872人（2025年度）
546,213人（2005年度）

資料：2005年の高齢者人口については、総務省統計局「平成17年国勢調査第1次基本集計（確定値）」、2025年の高齢者人口については、国立社会保障・人口問題研究所「都道府県の将来推計人口（平成14年3月推計）」

（3）高齢死亡者数の増加

わが国の死亡者数は戦後80万人前後で推移してきましたが、高齢者人口の増加に伴って死亡者数も増えており、2003（平成15）年に年間100万人を超えました。今後も年間死亡者数は増加を続け、2040年には170万人近くになると予想されています（**図表1-3**）。死亡者に占める75歳以上の高齢者の割合は、死亡者数が80万人前後で移行していたときは死亡者の3分の1程度でしたが、死亡者の増加と

ともに高齢死亡者も増加しており、2004（平成16）年には約80％が65歳以上の高齢者となっています。

これらの事実は延命治療を優先した医療モデルから、生活モデルへの変換の必要性の増大と、延命治療のあり方に大きな問題を投げかけています。

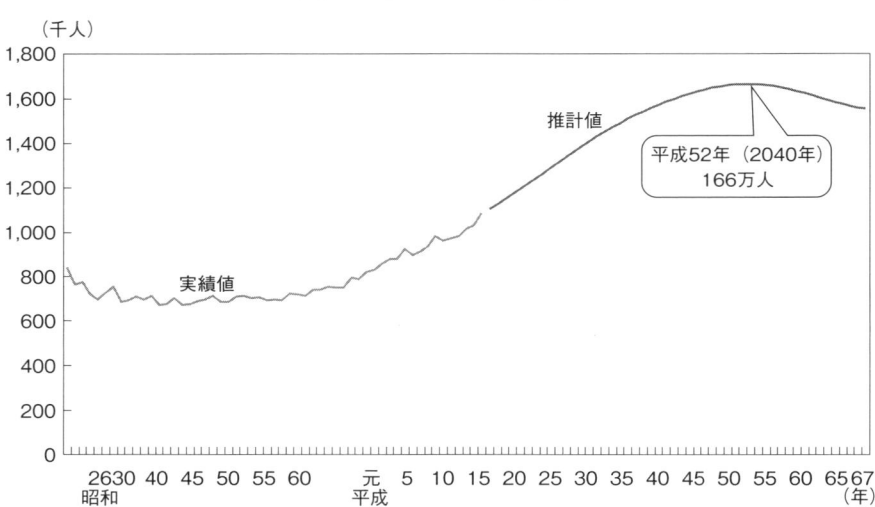

図表1-3●死亡数の年次推移

資料：平成17年までは厚生労働省大臣官房統計情報部「人口動態統計」、平成18年以降は社会保障・人口問題研究所「日本の将来推計人口（平成18年12月推計）」（出生中位・死亡中位）

（4）医療機関において死亡する割合が増加

死亡場所も第二次世界大戦直後は自宅での死亡が8割以上で医療機関死亡は1割強であったものが、1976（昭和51）年に逆転して以後、医療機関での死亡が多くなっています（**図表1-4**）。2007（平成19）年では医療機関死亡が79.4％に対して、在宅での死亡は14.9％と戦争直後の状態と逆転しています。今後は、減少を続けている病院だけで看取りを行うことは困難であり、かかりつけ医による在宅医療により、自宅だけでなく、介護施設を含めた地域での看取りを増加させなくてはなりません。

看取りを行うためには医療は不可欠ですが、終末期になると身体能力が低下して介護の必要性が増大します。自宅や施設など地域におい

て十分な看取りを行うためには、医療・介護福祉連携による切れ目のない援助が必要となります。それは地域の中で完結するサービス提供の必要性の高まりを意味します。

図表1-4●医療機関における死亡割合の年次推移

医療機関において死亡する者の割合は年々増加しており、昭和51年に自宅で死亡する者の割合を上回り、さらに近年では8割を超える水準となっている。

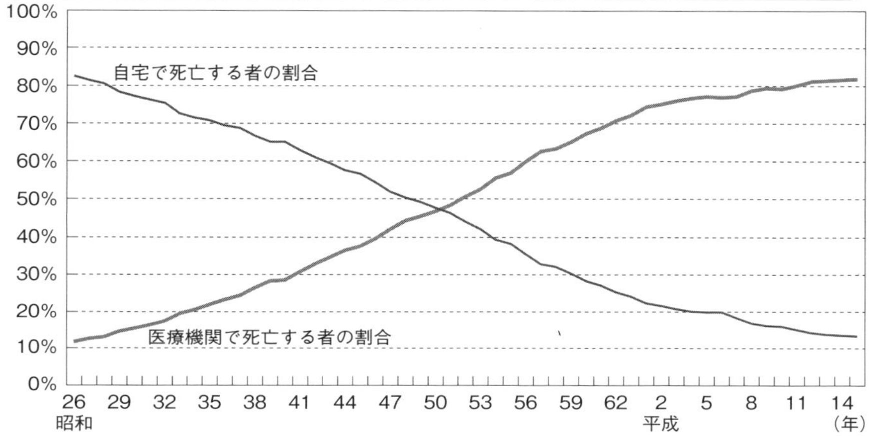

資料：厚生労働省大臣官房統計情報部、「人口動態統計」

（5）認知症高齢者の増加

1. 認知症とは

　認知症は高齢になると発症率が増加する疾患です（**図表1-5**）。したがって、高齢者の増加により認知症の人も増えており、2040年には400万人近くが認知症になると予測されています（**図表1-6**）。すなわち、認知症は特別な疾患ではなく、かかりつけ医が看ていくべきごくありふれた病気となっているのです。

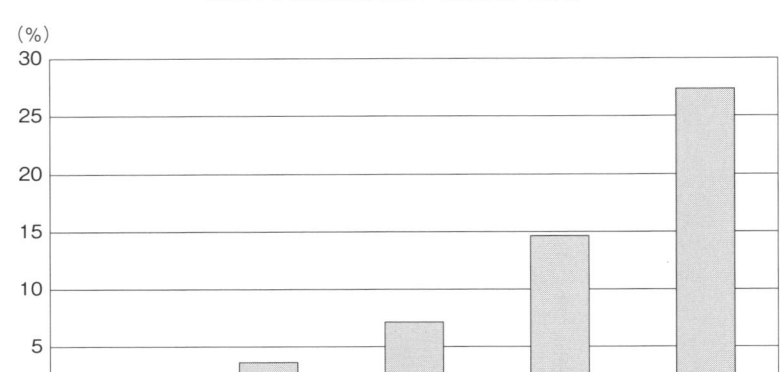

図表1-5●認知症を有する高齢者の割合

資料：老人保健福祉計画策定に当たっての痴呆老人の把握方法等について、平成4年2月老計第29号、老健14号

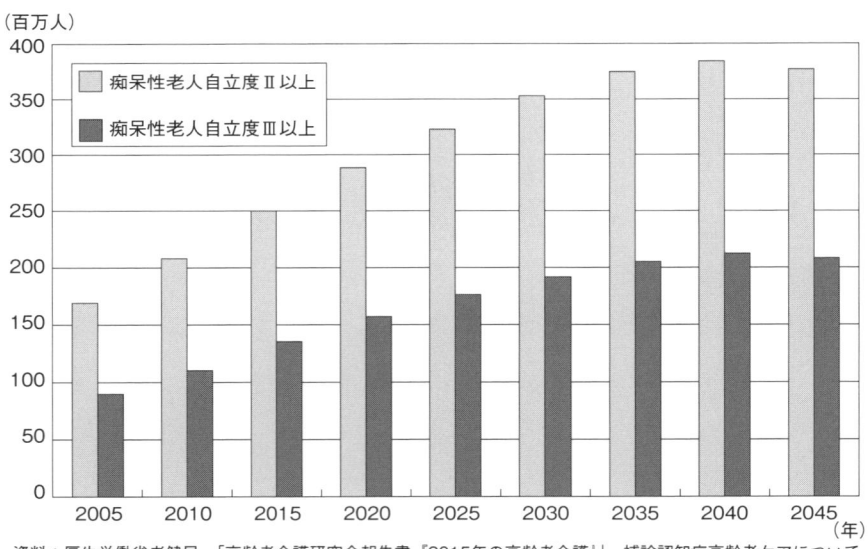

図表1-6●認知症高齢者の将来推計

資料：厚生労働省老健局、「高齢者介護研究会報告書『2015年の高齢者介護』」、補論認知症高齢者ケアについて

　認知症の定義は、「成人に起こる記憶および知能の障害により社会生活の維持に支障をきたすこと」であり、生活を維持するためには生活支援が必要となります。

2. アルツハイマー型認知症の生活支援

　認知症の中で半数以上を占めるアルツハイマー型認知症では、病気

の進行とともに身体能力が低下していき、最終的には歩行困難から寝たきりとなり、嚥下困難のために食事と水分がとれなくなって死に至る病気です。

軽度、中等度、重度、末期など病状の進行に応じて社会および日常生活維持が困難となり、それに合わせた生活支援が必要になります。いずれの段階でも、医療・介護福祉連携で生活支援をしていかなければ、介護をする家族への負担が大きくなり、家族の生活が破たんする例も散見します。

アルツハイマー型認知症の軽度から中等度にかけて起こる行動心理徴候（BPSD：Behavioral and Psychological Symptoms of Dementia）対応では、専門職による適切な介入と、家族を含めた多職種によるチームケアが必要となります。

3. かかりつけ医、顔見知りの介護職によるケア

アルツハイマー型認知症以外にも、認知症を起こす病気は70程度あり、医療による診断や治療と、介護福祉による疾患の応じたケアの連携が必要です。認知症の人の約75％は肺炎や事故などで亡くなり、末期の嚥下障害で食事や水分がとれなくなる状態まで生存する例は約25％程度です（**図表1-7**）。

自分の身体の調子が悪いことをうまく表現できない認知症の人の医療は、普段の状態をよく知っている、かかりつけ医が行うことが望ましいでしょう。また、介護についてもできるだけ顔見知りの介護職に

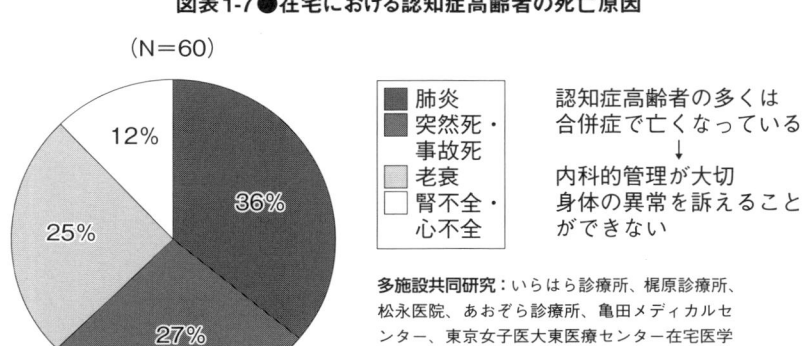

図表1-7●在宅における認知症高齢者の死亡原因

（N＝60）

肺炎 36%
突然死・事故死 27%
老衰 25%
腎不全・心不全 12%

認知症高齢者の多くは合併症で亡くなっている
↓
内科的管理が大切
身体の異常を訴えることができない

多施設共同研究：いらはら診療所、梶原診療所、松永医院、あおぞら診療所、亀田メディカルセンター、東京女子医大東医療センター在宅医学部、慶応大学医学部医療政策管理学教室

よる生活支援が、認知症の人の見当識障害を悪化させないためにも必要です。

　さらに、認知症の人だけでなく、介護をしている家族へのサポートも忘れてはならないことを付け加えておきます。

3 社会情勢の変化②
独居、老人世帯の増加による介護力の低下

（1）独居、老人世帯では介護力が不足

　生活様式の欧米化と農業従事者の減少や国民の意識変化により、成人して親と同居する子どもは少なくなり、独居や老夫婦の老人世帯が増加しています（**図表1-8**）。子どもと一緒に暮らしていても、若夫婦は共稼ぎで朝早くから夜遅くまで働きに出て、日中は老人が1人でいるという、日中独居も増加しています。

　老人の独居や老人2人の世帯であるということは、介護力が不足していることを意味しており、さまざまな障害が生じて生活に支障をきたすようになります。地域包括ケアシステムによる24時間切れ目のないサービス提供の構築なしには、住み慣れた地域で過ごすことが難しくなります。

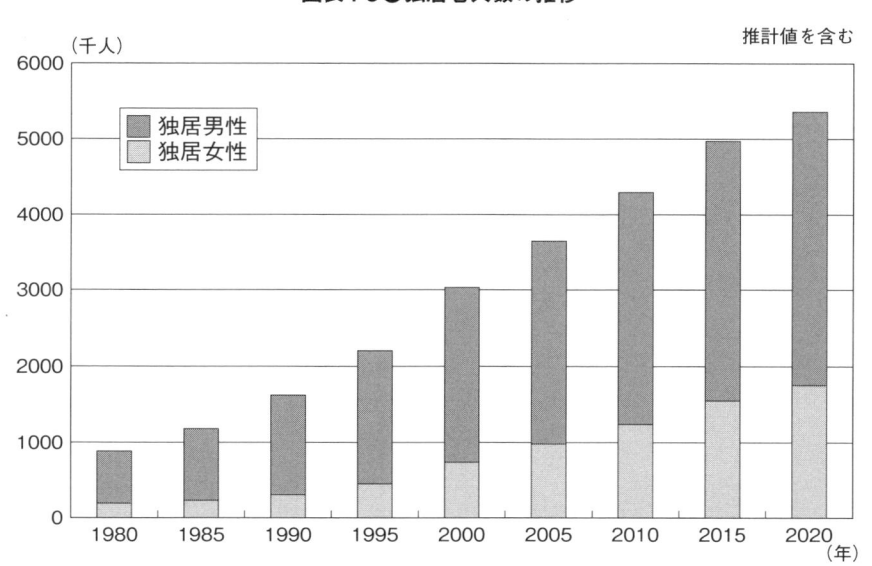

図表1-8 ● 独居老人数の推移

資料：総務省、国勢調査、国立社会保障人口問題研究所、「日本の将来推計人口」

(2) 都市部における地域社会の希薄化

　一方、都市部や都市周辺部では、第二次世界大戦後に地方より労働力として都市に集まった人が人口の多くを占めており、地域社会のつながりが希薄になっています。特に、1960年代から70年代に開発された大都市近郊部の大型団地では、最近、隣の住人とさえ言葉を交わすことが少なく近所づきあいのない人も多くなっています（**図表1-9**）。

　そのような環境の中で、死後数日から数か月後に遺体として発見される孤立死などの問題が起きています。明確な統計はありませんが、2010（平成22）年1月31日に放送されたNHKスペシャル「"無縁社会"ニッポン」によると、年間3万人以上が孤立死していると推定されています。

　今後は、都市部だけでなく地域のつながりが強いとされる僻地においても同様のことが起こる可能性があり、地域社会の再構築を目指して各地でさまざまな取り組みが行われています。医療・介護福祉連携によるネットワークづくりも、医療・介護サービスの提供に留まらず、街づくりの一環としてとらえていくべきです。

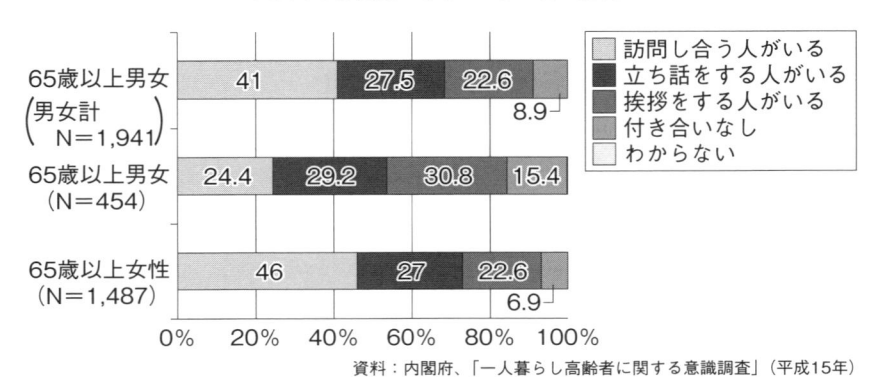

図表1-9●近所づきあいのない者の割合

	訪問し合う人がいる	立ち話をする人がいる	挨拶をする人がいる	付き合いなし	わからない
65歳以上男女（男女計）N=1,941	41	27.5	22.6	8.9	
65歳以上男女（N=454）	24.4	29.2	30.8	15.4	
65歳以上女性（N=1,487）	46	27	22.6	6.9	

資料：内閣府、「一人暮らし高齢者に関する意識調査」（平成15年）

4 社会情勢の変化③ 疾病構造の変化による影響

　疾病構造も変化してきており、終戦後は結核が死因の1位であり、2位が肺炎と気管支炎、3位が胃腸炎と、感染症を原因とする死亡が多く見られました。抗生物質の開発や普及、公衆衛生の向上により感染症による死亡は減少して、1990（平成2）年以降は死因の1位は悪性新生物、2位は心疾患、3位は脳血管疾患と大きく変わっています（**図表1-10**）。これは、食生活の変化や運動不足、飲酒、喫煙などを原因とする生活習慣病が増加している影響を受けています。悪性新生物でも胃がんは減少して、喫煙などの生活習慣を原因とする肺がんが増加しています。

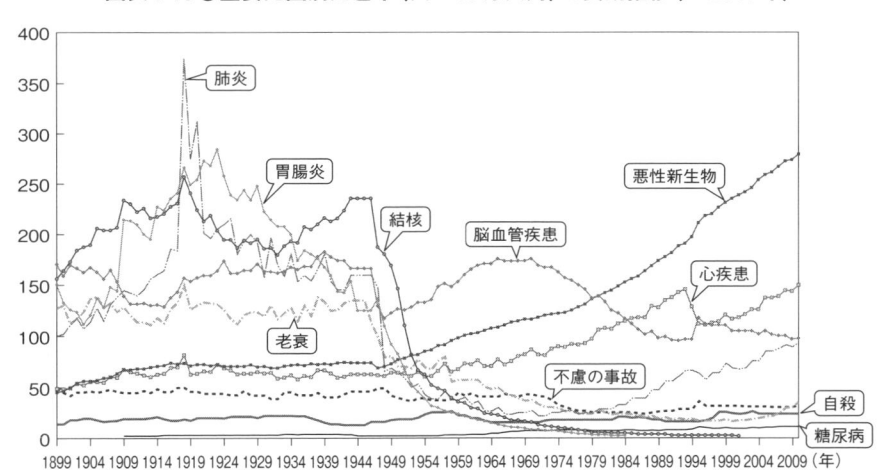

図表1-10 ●主要死因別死亡率（人口10万人対）の長期推移（～2010年）

注：1994年の心疾患の減少は、新しい死亡診断書（死体検案書）（1995年1月1日施行）における「死亡の原因欄には、疾患の終末期の状態としての心不全、呼吸不全等は書かないでください」という注意書きの事前周知の影響によるものと考えられる。最新年は概数。
資料：厚生労働省、「人口動態統計」

　生活習慣病とは、具体的には肥満症、高血圧、糖尿病、脂質異常症、心臓病、脳卒中のことであり、自覚症状に乏しく治療の後、バランス

のとれた食生活や運動習慣などを続けていかなければならない病気です。これらの生活習慣病には、脳卒中や虚血性心疾患などが含まれており、介護を必要とするリスクも高くなります。今後も生活習慣病を主とした慢性疾患は増加し、3人に1人の割合である悪性新生物を原因とする死亡も増えていくと予測されます。

　さらに、脳卒中や心筋梗塞も、医療の進歩により命を救うことができるようになりました。しかし、さまざまな障害を残して療養生活を続けなければならないことが多く、介護施設や自宅などの生活の場で医療を受けながら、生活支援が必要な人も増加しています。医療・介護福祉連携によるサービス構築の必要性が増しているのは、これらの人口構成や疾病構造の変化が大きく関与しています。

5 社会情勢の変化④ 病院数の減少による影響

（1）病院数と平均在院日数の減少傾向

　わが国の病院数は戦後増加しましたが、国の病床規制の影響もあり、1990（平成2）年の10,096病院をピークに減少を続けています。2007（平成19）年には8,862病院まで減少しており、いまだその傾向は続いています（**図表1-11**）。平均在院日数も長期間の入院で診療報酬が減少するという制度上の締めつけの影響もあり、徐々に短縮の傾向で、現在では一般病床で20日を割る在院日数となっています。しかし、諸外国と比較するとまだまだ在院日数は長く、さらなる短縮を求められています。

（2）退院後の高齢者を支援するために

　かつては社会的入院といって、治療目的でなく介護目的で高齢者が入院を続けることがありましたが、現在では療養型病床以外ではそのような長期間の入院は診療報酬点数上の制約もあり困難となっています。

　高齢者の場合は入院の原因となった病気は治っても、入院による短期間の臥床により歩行が困難になったり、食事などが十分にとれなくなることがあり、退院後に今まで通りの生活ができずに、介護などの生活支援が必要になる場合が少なくありません。高齢者の人口増加とともに、生活支援を受けながら自宅や施設で暮らす人々も増えています。これらの人々の生活を、医療・介護福祉連携で支えていくことが必要です。

　このように、医療・介護福祉連携は社会情勢のさまざまな変化に伴い、その重要性を増してきているだけでなく、独居の人でも安心して

住み慣れた地域で暮らしていける地域包括ケアシステムづくりが求められています。

図表1-11●病院病床数の年次推移

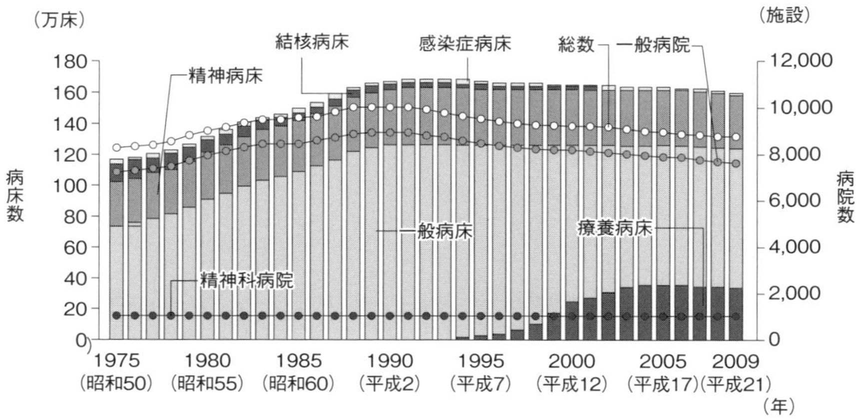

注：1）昭和50～58年は各年12月末、昭和59年以降は10月1日現在である。
2）平成8年4月1日より「らい予防法の廃止に関する法律」の施行に伴い、ハンセン療養所は一般病院に含まれる。
3）「一般病床」は、昭和50～平成4年は「その他の病床」であり、平成5～平成12年は「その他の病床」のうち「療養型病床群」を除いたものであり、平成13・14年は「一般病床」および「経過的旧その他の病床」（経過的旧療養型病床群を除く）である。
4）「療養病床」は、平成12年までは「療養型病床群」であり、平成13・14年は「療養病床」および「経過的旧療養型病床群」である。

出所：厚生労働省、「医療施設調査」

6 社会情勢の変化⑤ 社会構造の変化に伴う医療・介護福祉への影響

(1) 社会保障費の増大

わが国の少子高齢化による社会構造の変化は、社会のさまざまな分野に影響を与えています。特に高齢者の増加は、現役世代人口の減少による税収の低下、年金や医療介護などの社会保障費の増大をもたらし、国の財政状態を厳しくしています。1970（昭和45）年度には社会保障費の総額は3.5兆円でしたが、約40年後の2009（平成21）年度には98.7兆円とその額は28倍にも増えています（**図表1-12**）。

図表1-12●社会保障給付費の推移

	1970年	1980年	1990年	2000年	2009年(予算ベース)
国民所得額(兆円)A	61.0	203.2	348.3	371.6	367.7
給付費総額(兆円)B	3.5(100.0%)	24.8(100.0%)	47.2(100.0%)	78.1(100.0%)	98.7(100.0%)
(内訳) 年金	0.9(24.3%)	10.5(42.2%)	24.0(50.9%)	41.2(52.7%)	51.5(52.2%)
医療	2.1(58.9%)	10.7(43.3%)	18.4(38.9%)	26.0(33.3%)	31.0(31.4%)
福祉その他	0.6(16.8%)	3.6(14.5%)	4.8(10.2%)	10.9(14.0%)	16.2(16.4%)
B／A	5.77%	12.19%	13.56%	21.02%	26.84%

注：図中の数値は、1950、1960、1970、1980、1990、2000および2009年度（予算ベース）の社会保障給付費（兆円）である。
参考：1人当たり社会保障給付費は、2007年度で71.6万円、2009年度（予算ベース）で77.5万円である。
資料：国立社会保障・人口問題研究所、「平成19年度社会保障給付費」、2009年度（予算ベース）は厚生労働省推計

(2) 保険料と公費で賄う

社会保障費の給付と負担の現状を2009（平成21）年度の予算ベー

スで見ると、給付費は総額で98.7兆円であり、その内訳は年金が51.5兆円（52％）、医療が31.0兆円（31％）、福祉は介護保険を含めて16.2兆円（16％）を占めています。これらの給付を賄う財源は、保険料が56.8兆円（58％）であり、国庫負担は25.5兆円（26％）で保険料が国庫負担の倍以上を占めています。ただし、国庫負担は一般歳出の48％を占めており、国の歳出全体の中で決して少ないわけではありません（**図表1-13**）。

図表1-13●社会保障費の給付と負担の現状

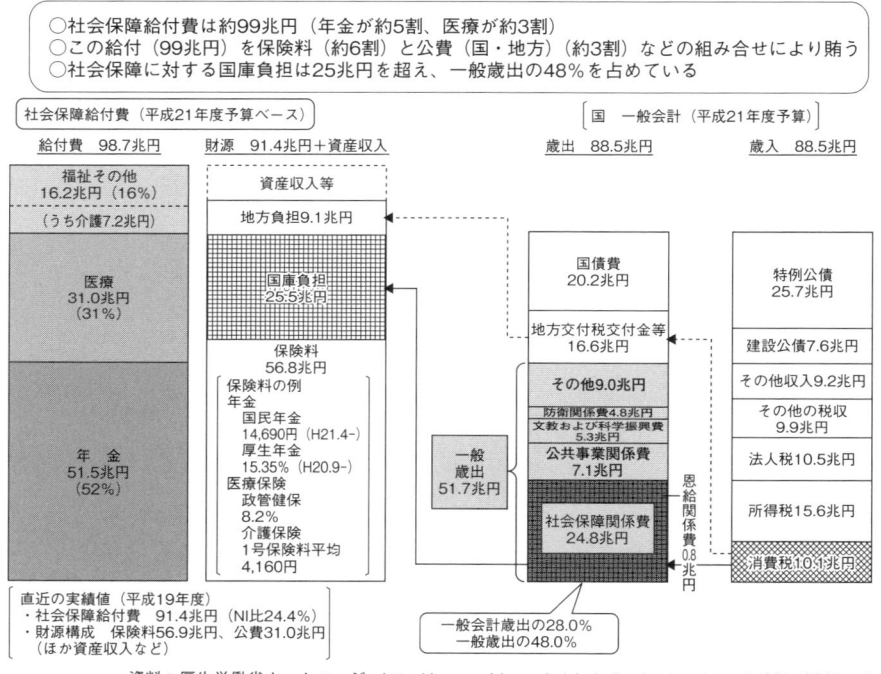

○社会保障給付費は約99兆円（年金が約5割、医療が約3割）
○この給付（99兆円）を保険料（約6割）と公費（国・地方）（約3割）などの組み合せにより賄う
○社会保障に対する国庫負担は25兆円を超え、一般歳出の48％を占めている

［社会保障給付費（平成21年度予算ベース）］　［国　一般会計（平成21年度予算）］

給付費 98.7兆円　　財源 91.4兆円＋資産収入　　歳出 88.5兆円　　歳入 88.5兆円

福祉その他 16.2兆円（16％）
（うち介護7.2兆円）
医療 31.0兆円（31％）
年金 51.5兆円（52％）

資産収入等
地方負担9.1兆円
国庫負担 25.5兆円
保険料 56.8兆円
保険料の例
年金
　国民年金 14,690円（H21.4-）
　厚生年金 15.35％（H20.9-）
医療保険
　政管健保 8.2％
介護保険
　1号保険料平均 4,160円

国債費 20.2兆円
地方交付税交付金等 16.6兆円
その他9.0兆円
防衛関係費4.8兆円
文教および科学振興費5.3兆円
公共事業関係費 7.1兆円
社会保障関係費 24.8兆円
恩給関係費0.8兆円

一般歳出 51.7兆円

特例公債 25.7兆円
建設公債7.6兆円
その他収入9.2兆円
その他の税収 9.9兆円
法人税10.5兆円
所得税15.6兆円
消費税10.1兆円

一般会計歳出の28.0％
一般歳出の48.0％

直近の実績値（平成19年度）
・社会保障給付費 91.4兆円（NI比24.4％）
・財源構成　保険料56.9兆円、公費31.0兆円
　（ほか資産収入など）

資料：厚生労働省ホームページ、http://www.mhlw.go.jp/shakaihosho/seminar/dl/09b_0002.pdf

　高齢になれば医療や介護が必要になる割合は当然増えてくるので、社会保障費は今後、年に約1兆円以上のペースで増えていくと予想されます。このまま何の対策もしなければ、国家財政が破たんすることは目に見えているので、消費税を含めた増税や給付の抑制、互助や共助を含めたサービス提供のあり方も検討していく必要があります。財政上の問題点からも、医療・介護福祉連携により効率的なサービス提供を行っていくことが、大切なポイントの1つとなっています。

7 これからの医療・介護福祉連携とは

1 医療モデルから生活モデルへ

(1) 退院した高齢者の生活支援

　高齢人口の増加や疾病構造が急性疾患から慢性疾患へと変化することに伴い、医療も病院を中心とした急性期疾患を「治す」だけでなく、多様化してきています。

　通常、成人の場合には、急性期疾患で入院して手術や内科的治療を受けて病気が治ると、退院して自宅に戻り、数日で仕事に復帰することが可能です。これは医療モデルであり、疾病の治療や延命を目的として、病院などの医療機関で医師の指示のもとに看護師や臨床検査技師など医療従事者がその仕事に従事します。

　しかし、高齢者の場合には、急性期疾患で入院して治療しても、ベッド上で数週間安静にするだけで、歩行困難になることがあります。したがって、病気は治っても介護が必要な状態は続いており、退院して自宅に戻っても、生活支援すなわち「支える」ことが必要となります。生活の質の向上を目的として、地域の中で医療・介護福祉連携により多職種が協働して行うのが、生活モデルです。

(2) 高齢者施設で在宅復帰を目指す

　高齢人口が少ない時代は、病院空間という日常生活とはかけ離れた特殊な環境の中で過ごす医療モデルだけで完結するのですが、高齢者が多くなると医療モデルだけでは完結できない例が多くなります。急性期治療が終わり疾病は治癒しても、介護が必要となり、慢性期の医

療と同時に介護により生活を支えなければなりません。介護の必要度が高く、自宅での介護力が不足している場合などは、すぐに自宅へ戻らないで、中間施設と言われる介護老人保健施設などに入って在宅復帰を目指すのが通常ですが、現実には同施設の入所期間が長期化しており、すぐには入所できない場合が多くあります。そのため、自宅には戻れず、本人の意思とは異なり介護施設に入所する人も少なくありません。しかし、受け皿となる介護施設の増加も頭打ち状態となっています（**図表1-14**）。

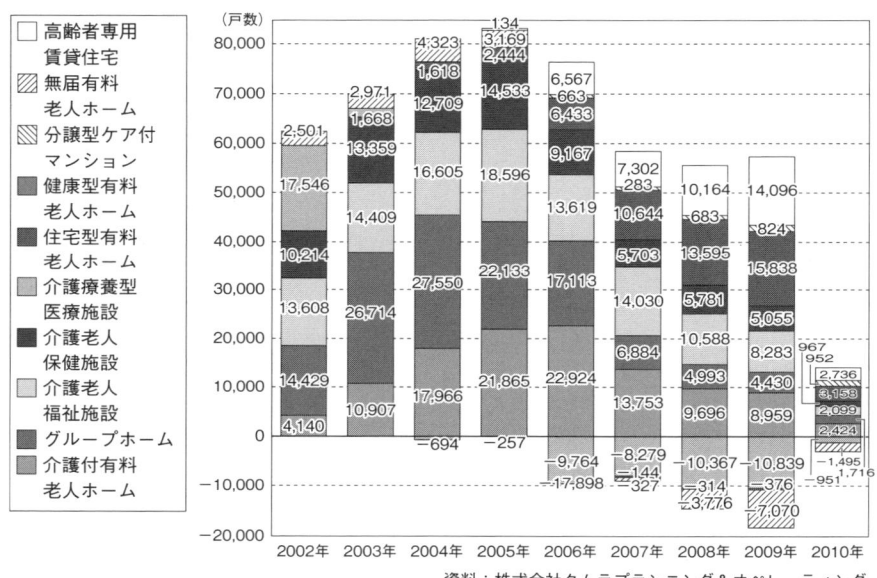

図表1-14●高齢者施設・居住系の新規開設戸（床）数

資料：株式会社タムラプランニング＆オペレーティング

　これら医療モデルと生活モデルは対立する視点ではなく、共存して存在するものであり、疾病の治療には「治す」という医療モデルが優先し、病状が安定して地域で暮らすようになれば、医療・介護福祉連携による「支える」という生活モデルが必要となります。退院後に生活支援が必要と考えられる場合には、退院調整による医療から、生活モデルへの転換が必要になってきます。そのためには、患者の自宅での介護力や地域のサービス提供状態などの情報収集も必要で、医療・介護職による退院調整会議が必要となります。しかし、実際には主と

して医療機関側の都合により、十分な退院調整をすることなく地域に戻るケースも少なくありません。このような場合でも、地域の中で多職種が連携して早期に生活支援の援助プログラムを組み立てなければなりません。

このように、人口の高齢化を中心とした社会情勢の変化により、常に生活を「支える」という視点を持って、多職種連携により障害のある高齢者の医療・介護福祉を考えていかねばならないのです。

2 地域包括ケアにおける医療・介護福祉連携

(1) 地域包括ケアの必要性

高齢になり障害が重くなっても、できるだけ住み慣れた地域の中で暮らしていきたいと願う人の思いに応えていくシステムの1つが地域包括ケアであり、これを実行していくためには医療・介護福祉連携が必須です。

この場合の地域の想定は徒歩圏内であり、医療・介護福祉専門職も顔の見える関係が築かれていることが多いです。高齢となり身体能力が低下すると、活動範囲が狭まってきて地域の中で過ごすことが多くなります。環境の変化にも対応しづらくなるので、なるべく顔見知りの多い住み慣れた地域で、見慣れた風景を見ながら過ごすことが望ましいのです。

病気となり地域外の急性期病院で治療を受けても、慢性期になれば地域に戻ってかかりつけ医の医療を受けながら、医療・介護福祉連携で生活を組み立てることになります。障害がある人の生活を支えるには24時間切れ目のないケアが必要ですが、これを地域の医療・介護福祉連携で支えることが地域包括ケアシステムと言えるでしょう。

2012(平成24)年度の診療報酬と介護報酬の同時改定で、定期巡回・随時対応型訪問介護看護が新設され、介護保険制度上も切れ目のないサービスが担保されました。

地域の中の事業者同士であれば、多職種も当然顔の見える関係であり、情報交換や意思疎通もスムーズに行うことができ、連携もうまくいくことが多く、質の高いケアが提供できるでしょう。利用者も住み慣れた地域で顔見知りの専門職の援助を受けることになるので、安心して生活を組み立てられます。これらのサービスがまさに、地域包括ケアシステムであり、このシステムを確立することで、できる限り地域で暮らしていきたいと願う高齢者の気持ちに沿うことができるのです。

確認問題

問題1 以下の選択肢のうち、正しいものを3つ選びなさい。

①わが国の社会情勢は少子高齢化の進展により劇的に変化しており、高齢化は全国均一に起こっている。

②わが国は少子高齢化と出生率の低下により人口の減少も始まっており、2005年に1億2,777万人であった総人口は、50年後には8,993万人まで減少する可能性がある。

③医療の進歩により脳卒中や心筋梗塞など急病でも救命することが可能になってきており、地域で暮らす人で生活支援を必要とする人も増加している。

④人口の高齢化とともにわが国の病院数も増加しており、医療費高騰の原因の1つとなっている。

⑤わが国の死亡者数の増加とともに、死亡者の中に占める高齢者の割合も増加している。

確認問題

解答 1　② ③ ⑤

解説 1

① ×：高齢化の進展は全国均一ではなく、大都市周辺部の急速な高齢化が今後進展する。

② ○：設問の通り。少子高齢化は人口の減少を伴っており、2011年では出生数105万698人に対して死亡者数125万3,463人と、約20万人の人口減少があった。

③ ○：設問の通り。高齢者の増加により、入院による臥床で身体能力が低下して要介護状態となる人も増加している。

④ ×：わが国の病院数は1990年の1万96病院をピークに減少している。

⑤ ○：死亡者に占める高齢者の割合は増加をしており、2004年では死亡者の約80％が65歳以上の高齢者であった。

第2章
チームケアの基礎知識

1. チームケアとは何か
2. 環境要素Ⅰ　医療
3. 環境要素Ⅱ　介護
4. 環境要素Ⅲ　行政
5. 環境要素Ⅳ　コミュニティ
6. チームケアに関わる職種と役割

© Kasiutek - Fotolia.com

1 チームケアとは何か

1 チームケアの定義

(1) 医療機関内のチーム医療の限界

　第二次世界大戦後から現在までの社会情勢の変化の中で、医療の現場においては、複数の医療専門職からなる構成員がそれぞれの役割を効果的に遂行し、疾病治療や延命をするためチームワークを尊重した「チーム医療」という概念が定着してきました。

　「チーム医療」では、チームは医師を中心とし、看護師、理学療法士、作業療法士、診療放射線技師、臨床検査技師、薬剤師、管理栄養士、医療ソーシャルワーカー、臨床心理士などの医療従事者で構成されます。目的は、病院などの医療機関における疾病の治療や延命であり、医師が示す治療方針のもと多職種協働がなされます。

　しかし、第1章で述べた通り、高齢人口の増加や疾病構造の変化などによって、病気が治っても介護が必要な状態が続き、医療機関内での「チーム医療」だけでは解決できない課題が残ることが多くなってきました。

　例えば、糖尿病悪化のために入院治療した患者であれば、入院中は医師の診断、指示のもと、血糖値のコントロールや糖尿病に合併する症状の改善を目的としてチームが構成されます。看護師はその看護と患者自身が実施するようになる自己注射や血糖測定などの手技の指導にあたり、薬剤師は調薬に、管理栄養士は食事管理や食事指導に、また、経済的な支援が必要な場合は医療ソーシャルワーカーが関わります。治療効果が現れ一定の治療目標に達するとき、すなわち退院の日

を迎えるまで、このチームにより医療と療養環境の調整が図られます。
　しかし、退院して地域に戻った患者は、退院時の健康を維持していけるのでしょうか。特に身体的・社会的ハンディキャップを抱えた患者の地域での生活は、特殊な環境である病院内の日常とはかけ離れたものです。介護力不足により、適切な食事が摂取できない、高齢による理解力・記憶力の低下により服薬や血糖測定が正確に行われない、体力の低下により通院できないなど、健康と安定した生活の持続を妨げる要素は容易に挙げられます。

（2）退院後の高齢者を支える生活モデル

　そこで、退院後も医療が関わることを前提として、患者を地域に戻すための退院調整と、患者を「生活者」としてとらえる「生活モデル」が必要となります。
　生活モデルの目的は、生活者の生活を支える「生活支援」であり生活の質の向上です。対象となる生活者の「生活」は、生活者を中心に多面的、多角的な関係性により築かれており、断片的な支援ではなく、多種多様な専門職者の関わりが必須となります。この生活者が抱える諸問題の解決や、生活の質の向上を目的とした生活支援のために関わる専門職者の集まり（チーム）から提供されるケアがチームケアであり、生活者やその家族を含む医療・介護福祉専門職者間の相互理解に基づく相互補完的な共同作業により成立しています。

2 チームケアの原則と過程

　チームケアの原則とは「生活モデルに基づく、生活の質の向上を目的とした生活者参加による生活者主体の決定である」ということです。チームケアの中心は生活者であり、生活者を取り囲む家族、コミュニティ、専門職者などが、その特性と役割を発揮し、各々の責任を果たすことでチームケアが成立します。

(1) 課題の抽出

　チームケアは、障害のある生活者が地域での生活を続けるにあたり、環境因子や個人因子を含めて何が課題となっているかを把握することに始まります。その課題により、チームの構成員が調整され、チームケアを進めるコンダクターを誰が担うようになるかということが見えてきます。

(2) 専門的立場からのアセスメントと情報の共有

　課題が抽出されチームが形成されたら、各専門的立場による生活者の身体的・環境的アセスメントが行われ、その基本的情報を構成員が共有します。生活者が抱える課題は、疾病や身体状況、生活環境、家族背景、経済的事情、私的感情などさまざまな要素が絡み合っており、効果的なチームケアには多角的な分析が求められます。

　情報交換や情報共有においては、職種ごとに求める情報が異なることを理解しておく必要があります。医療職が必要とする情報は、過去の病歴や現病歴および現在の投薬内容が主となりますが、介護職においては、これらの医療情報に加え、生活歴、家族的背景、ADL（日常生活動作）やIADL（手段的日常生活動作）をはかる身体機能の情報などが必要となります。それぞれがどのような情報を要しているかを理解し、ケアの提供に効果を持つ情報を適切な場面で正確に先方に伝えることで、チームケアを円滑に進めることができます。

　また、チームは、多職種で構成され、各専門職者が使う専門用語は異なります。情報提供や情報交換の場では、常に相手が理解できるよう専門用語の使い方には配慮すべきです。特に、チームの一員である生活者本人や家族と、専門職者が意思疎通を図る際には、わかりやすい用語・言葉を選びましょう。

(3) 方針（方向性）の統一

　次に行われるのが、方針（方向性）の統一です。方針を定める際の前提は「生活者中心の考え方」です。チームケアの目的は生活者の生

活を支えることであり主体は生活者であることを念頭に、単なる情報交換では終わらせない建設的な意見交換で方針が定められます。

　方針を定める際には、医師がチームの中心となる医療モデルと異なり、チームの構成員に上下関係はありません。それぞれが平等な立場であり、生活者本人や家族もチームの一員として意見を述べ、生活者個別の「思い」や「願い」が反映されているものでなくてはなりません。

　方針の統一の場としては、退院調整会議や介護保険制度下で定められているサービス提供担当者会議などがあります。

(4) 相互理解と役割分担

　会議の場においては、統一された方針をもとに各構成員の特性と個別性を理解した役割の分担がなされます。家族にもその役割は発生しますし、生活者もチームの方針とケアの内容を理解する必要があります。各々の責任と役割をまっとうすることでチームケアが円滑に進められます。

　また、専門性を追求するあまり方向性を見失うことがないよう相互の関与と定期的なチームカンファレンスが求められます。

3 チームの範囲

　多職種協働となるチームの範囲は、多機関にわたる広域なものから個別の機関内における多職種で構成されるチームまであります。現在求められている、一般的な「チームケア」とは前述のものです。しかしながら、医療・介護福祉の連携は個別機関内の多職種協働がなされていることが条件であり、個々の専門職者がチームの一員であることを意識していくことが必要です。

(1) チームに関わる施設とその役割

　生活者を取り囲む環境要素は、Ⅰ「医療」、Ⅱ「介護」、Ⅲ「行政」、

Ⅳ「コミュニティ」に分類され、チームに関わる施設も生活者自身も、これらの分類においてその役割を担います。関わりの内容やバランスは、生活者の抱えるその時々の課題によって異なります(**図表2-1**)。

図表2-1●生活者の環境イメージ

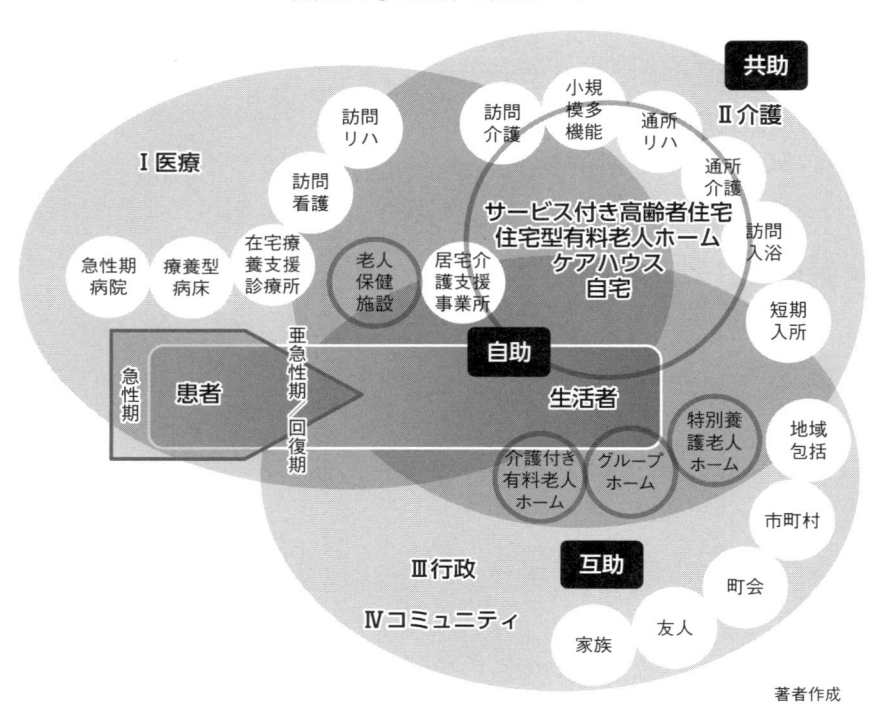

著者作成

2 環境要素Ⅰ　医療

1　病院

(1) 趣旨（目的）・設置主体

　病院とは、「医師又は歯科医師が、公衆又は特定多数人のため医業又は歯科医業を行う場所であって、20人以上の患者を入院させるための施設を有するもの」と医療法で定められています。病院の設置主体は、国、公的機関、社会保険関係団体、医療法人、個人、その他と分類でき、このうち医療法人が多くを占めます。

(2) 種類

　病院を機能別に区分すると、①高度の専門的医療を提供しており、一般の病院などから紹介された高度先端医療行為を必要とする患者に対応する「特定機能病院」、②1997（平成9）年の医療法改正時に地域の病院や診療所などの後方支援を目的として創設され、救急医療の提供義務も負っている「地域医療支援病院」、③その他の「一般病院」に分類されます。

　各病院のほとんどでは、外来機能と入院機能を持ち合わせており、入院機能における病床の区分としては、急性期医療の対象者を入院させる「一般病床」と、長期療養者を対象とする「療養病床」（1992〔平成4〕年医療法改正）、特定の疾患を抱える対象者を入院させる「精神病床」、「結核病床」、「感染症病床」が挙げられます。なお、「療養病床」には、介護保険制定前まで「老人病院」と称されていた病院も含まれます。

（3）職員の構成

病院は、医師をはじめとし、看護師、薬剤師、診療放射線技師、臨床検査技師、理学療法士、作業療法士、管理栄養士、医療ソーシャルワーカー、事務員などさまざまな職種で構成されており、その職種の種類、人数などは病院の規模によって異なります。

（4）チームケアにおける役割

その役割は病院の種類によっても異なりますが、高度専門医療・急性期医療を提供した後、患者を生活者として地域に戻すため、退院支援や退院調整にあたります。退院支援や退院調整にあたるのは、病院の医療相談室や地域医療連携室などに所属する医療ソーシャルワーカーであることが多いです。

また、「医療相談室」「地域医療連携室」等には、「病診連携」の基点が置かれていることがあり、病院と地域の診療所との組織的な関わりの窓口となっています。病診連携とは、ある疾患の患者の診療を、病院と診療所の医師が診療情報を共有してそれぞれの役割や機能を分担して診療にあたることを言います。

2 診療所

（1）趣旨（目的）・設置主体

診療所とは、「医師又は歯科医師が、公衆又は特定多数人のため医業又は歯科医業を行う場所であって、患者を入院させるための施設を有しないもの又は19人以下の患者を入院させるための施設を有するものをいう」と医療法で定められています。設置主体は個人または医療法人などの法人であることが多いです。

（2）種類

診療所は入院施設の有無により有床診療所と無床診療所に分けられ

ます。

(3) 職員の構成

　診療所の規模、診療科目によって異なりますが、医師、看護師、薬剤師、診療放射線技師、理学療法士、作業療法士、管理栄養師、事務員などが挙げられます。

(4) チームケアにおける役割

　掲げる診療科により異なりますが、眼科・皮膚科・歯科など限られた疾病を診る診療所であれば、異なった診療科の医師と役割を分担して患者を診療していく「診診連携」が求められます。

　一方、一般的に内科医などでプライマリ・ケアを提供している診療所の場合、「診診連携」「病診連携」に留まらず、地域生活者のかかりつけ医として、チームケアの重要な立場となります。

3　在宅療養支援診療所・在宅療養支援病院

(1) 趣旨 (目的)・設置主体

　高齢化等に伴い需要が高まっている在宅医療を重視した1992 (平成4) 年の医療保険制度改正において、寝たきり老人在宅総合診療料が創設されました。寝たきり老人在宅総合診療料とは、在宅の寝たきり高齢者などに対して在宅療養計画のもとに月2回以上、訪問診療を行うとともに、24時間体制で在宅療養患者からの連絡や往診依頼に対応することで算定できる診療報酬です。明確な要件の提示がなかったため、不十分な体制にもかかわらず、この報酬を算定する診療所がありました。

　そこで、2006 (平成18) 年の医療保険制度改正にて、24時間体制をとること、訪問看護ステーションやケアマネジャーとの連携を図ることなど明確な要件が示され、それらを担う医療機関として、在宅療

養支援診療所・在宅療養支援病院が制度化されました。設置主体は病院・診療所と同様です（**図表2-2**）。

図表2-2●在宅療養支援拠点イメージ

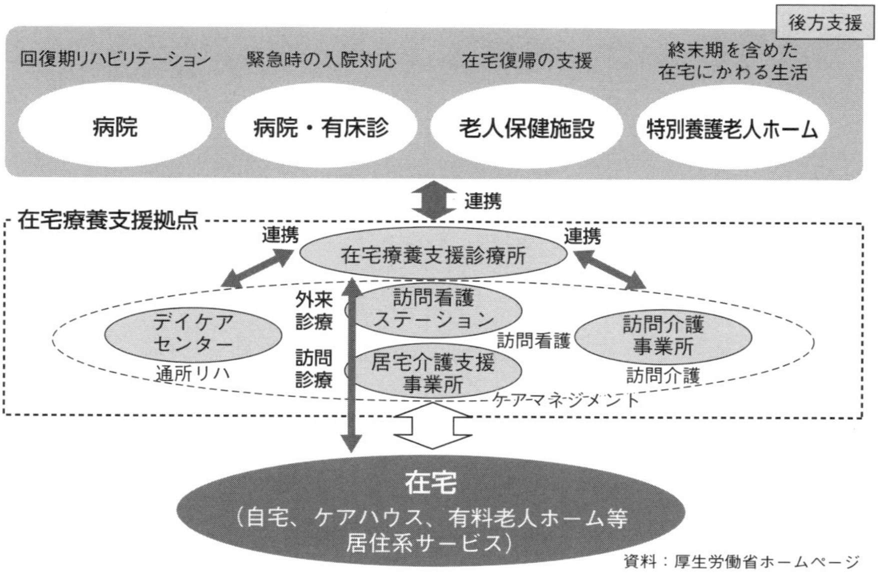

[後方支援]

回復期リハビリテーション	緊急時の入院対応	在宅復帰の支援	終末期を含めた在宅にかわる生活
病院	病院・有床診	老人保健施設	特別養護老人ホーム

↕ 連携

在宅療養支援拠点
　　連携 ← 在宅療養支援診療所 → 連携
　　　　　外来診療　訪問看護ステーション
　　デイケアセンター　　　　　　　　訪問介護事業所
　　　　　訪問診療　居宅介護支援事業所
　　通所リハ　　　　　　　　　　　訪問介護
　　　　　　　　ケアマネジメント

↕

在宅
（自宅、ケアハウス、有料老人ホーム等居住系サービス）

資料：厚生労働省ホームページ

（2）種類

　2012（平成24）年4月の診療報酬改定において在宅療養支援の機能を強化している診療所・病院がさらに評価され、その有する機能により、①「（従前の）在宅療養支援診療所・病院」、②「機能強化型在宅療養支援診療所・病院（病床なし）」、③「機能強化型在宅療養支援診療所・病院（病床あり）」の3つに区分されました。また、複数の医療機関が連携して要件を満たすことによって機能強化型在宅療養支援診療所・病院とすることも可能です。

図表2-3●在宅療法支援診療所の分類と要件

> ①　従前の在宅療養支援診療所
> ②　従前の在宅療養支援診療所・在宅療養支援病院の要件を満たした上で、（イ）所属する常勤医師3名以上（ロ）過去1年

> 間の緊急の往診実績が5件以上（ハ）過去1年間の看取り実績が2件以上であるという要件を満たした診療所・病院
> ③ ①②の要件を満たし、病床を有する診療所・病院
> ④ 連携により①②の要件を満たす診療所・病院
> ※④の場合の要件
> （ア）患者からの緊急時の連絡先の一元化
> （イ）診療情報の共有を図るため月1回以上の定期的なカンファレンスの実施
> （ウ）連携する医療機関数は10未満
> （エ）病院が連携に入る場合は、200床未満の病院に限る

（3）職員の構成

要件である常勤医師3名の他、看護師、事務員が配置され、この他、医療ソーシャルワーカーや往診の送迎にあたる運転手などを配置していることがあります。

（4）チームケアにおける役割

在宅医療の中心的な役割を果たしており、チームケアにおいても重要な柱の1つです。

4 訪問歯科

（1）趣旨（目的）・設置主体・種類・チームケアにおける役割

近年の在宅医療の需要の高まりに伴い、訪問歯科診療を行う歯科医院も増え続けています。地域に根差して開業している歯科医院が小規模で往診をしているものから、営利法人によって組織的に多数の在宅患者を抱える歯科もあります。その目的は、歯科治療、口腔衛生を通した生活者の健康維持、生活の質を向上させることにあります。家族や介護職者への指導や医師との連携も求められます。また、嚥下障害

のある生活者の増加により、口腔ケアの必要性が認識されており、その役割は重要性を増しています。

（2）職員の構成

歯科医院の規模にもよりますが、訪問歯科診療の診療チームには、歯科医1名、歯科衛生士1名、コーディネーター兼運転手1名で構成されることが多いようです。

5 訪問看護ステーション

（1）趣旨（目的）・設置主体

訪問看護ステーションとは、訪問看護を行うことを目的として設置された機関であり、都道府県知事の指定を受けた国、都道府県、市町村、医療法人、社会福祉法人、その他厚生労働大臣が認める団体が設置主体となっています。介護保険法においては営利法人が訪問看護ステーションを設置することも可能としています。

単独の訪問看護ステーションは少なく、多くは、病院や在宅療養支援診療所などを母体としています。

訪問看護とは、1983（昭和58）年に初めて法的（老人保健法）に位置づけられ、健康保険法（第88条）には「疾病又は負傷により、居宅において継続して療養を受ける状態にある者（主治の医師がその治療の必要の程度につき厚生労働省令で定める基準に適合していると認めたものに限る）に対し、その者の居宅において看護師その他厚生労働省令で定める者が行う療養上の世話又は必要な診療の補助」と示されています。

1991（平成3）年の老人保健法改正時に老人訪問看護が制度化され、翌年の1992（平成4）年に看護師を管理者とする老人訪問看護ステーションが設立されました。また、1994（平成6）年の健康保険法などの改正によって訪問看護制度が見直され、対象は高齢者に限らずすべ

ての年齢層に拡大されています。2000（平成12）年に施行された介護保険法においては「居宅要介護者（主治の医師がその治療の必要の程度につき厚生労働省令で定める基準に適合していると認めたものに限る）について、その者の居宅において看護師その他厚生労働省令で定める者により行われる療養上の世話又は診療の補助をいう」との居宅を定義されています。

(2) 種類

訪問看護ステーションは1種類ですが、訪問看護には、訪問看護ステーションから提供されるものと、医療機関から提供されるものがあります。

また、同一の機関から提供される訪問看護であっても、その内容により介護保険が適用される場合と医療保険が適用される場合があります。原則として、要支援・要介護認定を受けており、介護サービス計画にのっとって提供される看護は、介護保険からの給付（**図表2-4**）とされ、病状の急性憎悪などに対応する訪問看護は医療保険の給付となります。どちらにおいても、訪問看護を行う場合は、医師の指示が必要になります。

(3) 職員の構成

介護保険法においては、保健師または看護師である管理者をはじめとし、保健師・看護師・准看護師を常勤換算で2.5人以上配置することとなっています。この他、必要に応じて理学療法士、作業療法士、言語聴覚士が配置されリハビリテーションや住環境の調整などを目的とした訪問も行っています。

図表2-4●訪問看護（介護保険）報酬額

事業所	算定項目		報酬額（円）
訪問看護ステーション	20分未満		3,160
	30分未満		4,720
		複数の看護師等が対応する場合	7,260
	30分〜1時間未満		8,300
		複数の看護師等が対応する場合	12,320
	1時間〜1時間30分未満		11,380
病院・診療所	20分未満		2,550
	30分未満		3,810
		複数の看護師等が対応する場合	6,350
	30分〜1時間未満		5,500
		複数の看護師等が対応する場合	9,520
	1時間〜1時間30分未満		8,110
※准看護師が指定訪問看護を行った場合、100分の90相当とする ※夜間又は早朝に指定訪問看護を行った場合、100分の25を、深夜に行った場合、100分の50を加算する ※当該指定訪問看護事業所の所在する建物と同一の建物に居住する利用者の場合、100分の90相当とする			
指定定期巡回・随時対応型訪問介護看護事業所と連携する場合			ひと月29,200
※准看護師が指定訪問看護を行った場合、100分の98相当とする ※対象利用者の要介護状態区分が要介護5である場合、ひと月8,000円を加算する			
緊急時訪問看護加算			ひと月5,400
特別管理加算	Ⅰ		ひと月5,000
	Ⅱ		ひと月2,500
ターミナルケア加算（死亡月に算定）			ひと月20,000
初回加算（初回訪問月に算定）			ひと月3,000
退院時共同指導加算（退院・退所につき1回に限り算定）			6,000
看護・介護職員連携強化加算（ひと月に1回限り算定）			2,500

(4) チームケアにおける役割

　在宅医療の拡大と充実化に伴い、在宅で医療を要する高齢者は増えており、訪問看護ステーションの需要はますます高まっています。医師の指示に基づき医療処置を行うとともに、医学的な観点から家族や介護職者へ介護方法などの指導をしたり、健康状態の変化にいち早く気づき適切な診療に結びつけたりとその役割は大きいものです。

　2012（平成24）年の介護保険法改定においては、訪問介護や地域密着型サービスである小規模多機能型居宅介護との連携による新たなサービス体系も構築されました。

6 訪問リハビリテーション

(1) 趣旨（目的）・設置主体

　訪問リハビリテーションは、介護保険法上、心身の機能の維持回復を図り、日常生活の自立を助けることを目的に実施され、訪問リハビリテーション事業所は、病院、診療所または介護老人保健施設であることと定められています。

　また、その業務にあたるのは理学療法士、作業療法士、言語聴覚士に限られており、その対象も医師がリハビリテーションの必要性を認めた要介護認定者のみとされています。同じく理学療法士、作業療法士、言語聴覚士が、要介護認定者の自宅を訪問しリハビリテーションを行う場合であっても、その所属が訪問看護ステーションの場合もあります。

　このように訪問看護ステーションから理学療法士等がリハビリテーションのために訪問する場合は、介護報酬上は、訪問看護として算定されます。

(2) 職員の構成

　理学療法士、作業療法士、言語聴覚士を配置しています。

(3) チームケアにおける役割

2009(平成21)年の介護報酬改定の際にリハビリテーションマネジメント加算が報酬に包括されたことにより、訪問リハビリテーションは多職種協働により実施されることが意識づけられました。

2012(平成24)年4月の介護報酬改定においては、訪問介護事業所のサービス提供責任者と協同することにより、訪問リハビリテーション、訪問介護事業所の双方で算定できる加算が新設されました。

7　薬局

(1) 趣旨(目的)・設置主体

薬局とは薬の販売や授与の目的で調剤を行う場所であり、薬事法第6条により開設許可を得た店舗のみが薬局という名称を使えることになっています。

2006(平成18)年の医療法改正では、調剤を実施する薬局は医療提供施設と位置づけられました。開設するにあたって設置主体に制限はなく、薬事法に定められた基準を満たし許可を得れば開設することができます。

近年の医薬分業の推進によりかかりつけ薬局を決めれば、どこの医療機関から処方された薬であっても薬局で一元管理することが可能となりました。

(2) 種類

薬局は、保険薬局、院内薬局に分類できます。保険薬局は、保険調剤が可能な薬局で、医療機関から発行された院外処方箋をもとに調剤を行います。

一方、院内薬局は法的には調剤室といい、医療機関内に設置されているため、他の医療機関からの処方箋を調剤することや一般用医薬品を販売することはできません。

(3) 職員の構成

管理者は薬剤師とされており、薬剤師と事務員で構成されています。

(4) チームケアにおける役割

在宅医療が広まり在宅患者が増加するに伴い、在宅患者の自宅に薬剤師が出向き、服用された薬を管理したり、生活習慣に即した服薬方法を助言したりする在宅支援薬局も増えています。在宅支援薬局では、介護保険における居宅療養管理指導（**図表2-5**）を算定することができます。

図表2-5 ●居宅療養管理指導（介護保険）報酬額

実施者	算定項目		報酬額（円）
医師又は歯科医師（月2回程度）	居宅療養管理指導費Ⅰ	医療保険において在宅時医学総合管理料等を算定する場合	
		同一建物居住者以外の者に対して行う場合	5,000
		同一建物居住者に対して行う場合	4,500
	居宅療養管理指導費Ⅱ	医療保険において在宅時医学総合管理料等を算定する場合	
		同一建物居住者以外の者に対して行う場合	2,900
		同一建物居住者に対して行う場合	2,610
薬剤師	病院又は診療所の薬剤師の場合（月2回限度）	同一建物居住者以外の者に対して行う場合	5,500
		同一建物居住者に対して行う場合	3,850
	薬局の薬剤師の場合（月4回限度）	同一建物居住者以外の者に対して行う場合	5,000
		同一建物居住者に対して行う場合	3,500
	疼痛緩和のために特別な薬剤の投薬が行われている利用者に対して薬学的管理指導を行った場合	1回につき所定の報酬額に1,000円加算	
管理栄養士（月2回限度）	同一建物居住者以外の者に対して行う場合		5,300
	同一建物居住者に対して行う場合		4,500
歯科衛生士（月4回限度）	同一建物居住者以外の者に対して行う場合		3,500
	同一建物居住者に対して行う場合		3,000
看護職員	同一建物居住者以外の者に対して行う場合		4,000
	同一建物居住者に対して行う場合		3,600

3 環境要素Ⅱ　介護

1 居宅介護支援事業所

(1) 趣旨（目的）・設置主体

　介護保険制度において、要介護者および要支援者が、個々の解決すべき課題、その心身の状況や置かれている環境等に応じた保健・医療・福祉にわたるサービス等を総合的かつ効率的に利用できるよう「居宅サービス計画」を作成するケアマネジャーが所属するのが、居宅介護支援事業所です。

　医療機関や社会福祉法人、介護保険事業を行う営利法人が居宅介護支援事業所を開設することが多くなっています。これは、要介護度に応じて定められている介護報酬が、単独・独立型の居宅支援事業所が運営するにたる状況ではないということが要因の1つです。具体的には、加算を除く基本報酬は、要介護者の場合、1人あたり月10,000円から13,000円、要支援者の場合は4,120円となっており、ケアマネジャー1人が担当する要介護者が40人以上になる場合は減算されます。また、介護保険の請求や給付管理を行うソフト、ケアマネジャーに課せられている業務を行うための事務用品や通信、利用者宅を訪問するための車両維持などにかかる諸経費を考えると、単独・独立型の経営の難しさを垣間見ることができます。これらにより、その他の介護保険サービス事業を併せ持つ居宅介護支援事業所が多い中、利用者に同系列のサービス事業所を優先的に利用させる利用者の抱え込みが問題視され、居宅介護支援事業所が選定するサービス事業所に偏りがある場合、介護報酬が減算される仕組みもあります。

(2) 職員の構成

　事業所ごとにケアマネジャーである管理者を置くこととなっており、利用者35人またはその端数を増すごとに1人以上のケアマネジャーを配置することになっています。

　複数人のケアマネジャーが置かれている居宅介護支援事業所においては、介護保険事務を担う事務員を配置している場合もあります。

(3) チームケアにおける役割

　介護保険制度において、居宅介護支援は居宅サービス計画を立てることにより基本理念を実現する重要な事業です。事業を行うにあたっては、生活者自身によるサービスの選択、保健・医療・福祉サービスの総合的効率的な提供、利用者本位、公正中立であることなどが求められ、介護保険サービスを活用するチームケアにおいては、中心的役割を担うことが多くなります。

2　居宅サービス事業・地域密着型サービス事業

(1) 趣旨(目的)・設置主体

　居宅サービスとは、介護保険法に定められた居宅で提供されるサービスで、サービスの種類ごとに人員や設備、運営に関する基準を厚生労働大臣が定めています。基準を満たし、都道府県知事の指定を受けることで介護保険サービスを提供できます。

　病院や診療所による居宅療養管理指導、訪問看護、訪問リハビリテーション、通所リハビリテーション、短期入所療養介護、薬局が行う居宅療養管理指導については法人格を有していなくてもよいとされています。

　特定施設入居者生活介護、グループホーム(認知症対応型共同生活介護)は、居宅サービスに位置づけられており、居宅療養管理指導以

外の居宅サービスとの重複利用はできません。

地域密着型サービスは、2006（平成18）年の介護保険制度改正に伴い導入されました。他の居宅サービスが都道府県知事の指定を受けるのと異なり、市町村ごとに事業所が指定され、市町村の管理監督のもとで運営されます。住み慣れた地域で安心して生活できるよう、地域の特性が反映されます。原則として、地域密着型サービスを利用できるのは、当該市町村の住民のみです（**図表2-6**）。

図表2-6●介護保険サービス一覧

居宅サービス	地域密着型サービス
（介護予防）訪問介護	定期巡回・随時対応型訪問介護看護
（介護予防）訪問入浴介護	夜間対応型訪問介護
訪問看護	（介護予防）認知症対応型通所介護
訪問リハビリテーション	（介護予防）小規模多機能型居宅介護
居宅療養管理指導	（介護予防）認知症対応型共同生活介護
（介護予防）通所介護	地域密着型特定入居者生活介護
（介護予防）通所リハビリテーション	地域密着型介護老人福祉サービス
（介護予防）短期入所生活介護	複合型サービス
（介護予防）短期入所療養介護	
（介護予防）特定施設入居者生活介護	
福祉用具貸与	
特定福祉用具販売	

（2）種類・職員の構成

1．訪問介護

訪問介護とは、訪問介護員養成課程修了者や介護福祉士などが、要支援または要介護認定者の居宅を訪問して、入浴、排泄、食事等の介護、日常生活上の世話、掃除、洗濯、さらに通院等のための乗車または降車の介助等を行うものです。

サービス内容により、身体介護、生活援助、通院等乗降介助の3つに分類されます。

2000（平成12）年の介護保険法が施行されてから、その事業所数

は急激に増加しましたが、2006（平成18）年の介護保険制度の改定以後、介護報酬の引き下げや、人員確保の難しさにより事業を廃止する事業所も出ています。事業所数の減少の一因として、高齢者世帯・高齢単身者の増加や家族介護の変化により、従来の訪問介護や夜間対応型訪問介護では介護力が不足して自宅での生活が継続できず、24時間切れ目のない介護サービスを提供する施設入居を選択する要介護者が増えていることも挙げられます。

　入居施設の需要が高まることで施設が多様化し、低料金で必要なサービスを選択できるなど、利用者が選択しやすくなったと言えます。

　そのような中、単身者や重度の要介護者であっても在宅を中心とする住み慣れた地域で尊厳と個別性が尊重された生活を継続することができるような社会環境の整備の一環として、訪問介護事業の新たな体系が検討されてきました。そして、2012（平成24）年4月の介護保険制度改正において、「定期巡回・随時対応型訪問介護看護」が新設されました（**図表2-7**）。在宅生活の限界点を引き上げることを目的とし

図表2-7●24時間対応の定期巡回・随時対応サービスのイメージ

○重度者をはじめとした要介護高齢者の住宅生活を支えるため、日中・夜間を通じて、訪問介護と訪問看護を一体的にまたはそれぞれが密接に連携しながら、定期巡回訪問と随時の対応を行う「定期巡回・随時対応型訪問介護看護」を創設（平成24年4月）。

○地域密着型サービスの一類型として創設
○対象者は要介護者のみ（介護予防サービスは規定していない）
○身体介護サービスを中心とした一日複数回サービス
　（看護や生活援助サービスについても一体的に提供）

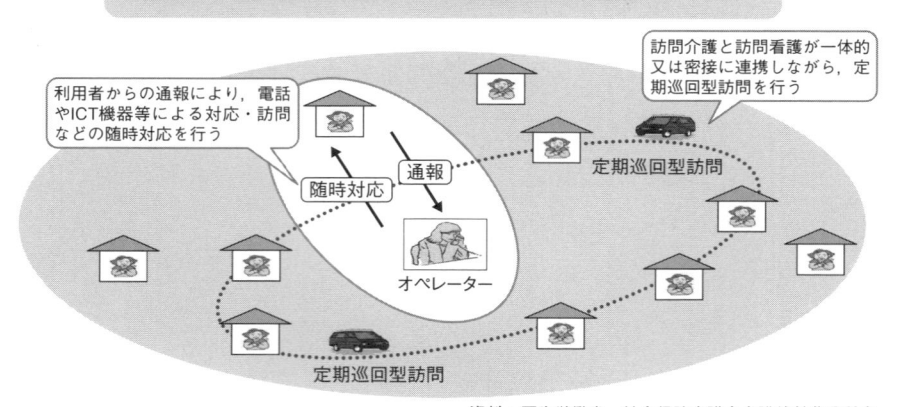

資料：厚生労働省、社会保障審議会介護給付費分科会

たその基本コンセプトは、「1日複数回の定期訪問と継続的アセスメントを前提としたサービス」「短時間ケア等、時間に制約されない柔軟なサービス提供」「『随時の対応』を加えた『安心』サービス」「24時間の対応」「介護サービスと看護サービスの一体的提供」というものです。

人員としては、看護職員を常勤換算で2.5名以上配置し、常時、オンコール体制がとられ、その他訪問介護員・オペレーターを各1名、常時配置することとされています。

介護報酬は要介護度別・ひと月ごとの定額報酬（**図表2-8**）となっています。

図表2-8 ●定期巡回・随時対応型訪問介護看護費の定額報酬

	定期巡回・随時対応型訪問介護看護費（Ⅰ）（一体型）		定期巡回・随時対応型訪問介護看護費（Ⅱ）（連携型）
	介護・看護利用者	介護利用者	
要介護1	92,700円	66,700円	66,700円
要介護2	139,200円	111,200円	111,200円
要介護3	207,200円	178,000円	178,000円
要介護4	253,100円	222,500円	222,500円
要介護5	304,500円	267,000円	267,000円

注：連携型事業所の利用者が、定期巡回・随時対応サービス事業所が連携する訪問看護事業所からの訪問看護を受ける場合、上記とは別に訪問介護事業所において訪問看護費（要介護1～4は29,200円、要介護5は37,200円）が算定されます。

2. 訪問入浴サービス

訪問入浴は、移動入浴車等で浴槽を要介護者の自宅に持ち込み、入浴の介護を提供します。通所サービスを利用している要介護者については、通所サービスで入浴することも可能であり、主に立位や座位がとれない重度の要介護者や医療依存度が高い要介護者が対象となっていることが多くあり、医師の判断により提供されます。

訪問入浴は、介護職者2名、看護師1名のチームで行われます。

3. 通所

通所サービスは、通所介護施設等に通い、健康チェック、入浴、食

事、リハビリテーションの提供等の日常生活上の世話、機能訓練等を行うものです。通所サービスは、通所介護、通所リハビリ、認知症対応型通所介護（地域密着型サービス）に分類され、また、そのサービス内容や人員の配置、定員数によって介護報酬額が区分されています。医療依存度が高い人を対象とした療養通所介護は通所介護に含まれます。

4. 小規模多機能型居宅介護

2006（平成18）年の介護保険制度改正により創設された地域密着型サービスの1つで、24時間365日切れ目のない支援を行うもので、「通い」を中心に「訪問」「泊まり」の3つのサービスを併せ持つ事業です。

1事業所あたりの登録定員の上限が25名とされ、「通い」は1日あたり15名以下、「泊まり」は1日あたり9名以下の利用と定められています。

介護報酬は、ひと月ごとの包括的定額となっており、小規模多機能型居宅介護サービスの登録者は、訪問看護、福祉用具貸与、訪問リハビリテーション以外の介護保険サービスは利用できません。

また、ケアマネジャーの配置義務があり、登録者のケアプランは当該事業所のケアマネジャーが作成します。ケアマネジャーの他、看護師の配置も義務づけられています。

2012（平成24）年の介護保険制度改正では、「定期巡回・随時対応型訪問介護看護」と同様、重度の要介護者や医療ニーズの高い要介護者の地域での生活支援のため、小規模多機能型居宅介護と訪問看護を一体的に提供する複合型事業所が創設されました（**図表2-9**、**図表2-10**）。

5 医療・介護福祉連携とチーム介護

図表2-9 ● 複合型サービスの創設

○ 小規模多機能型居宅介護と訪問看護など、複数の居宅サービスや地域密着型サービスを組み合わせて提供する複合型サービスを創設する。
○ これにより、利用者は、ニーズに応じて柔軟に、医療ニーズに対応した小規模多機能型サービスなどの提供を受けられるようになる。また、事業者にとっても、柔軟な人員配置が可能になる、ケアの体制が構築しやすくなるという利点がある。

現行制度

a 事業所：小規模多機能型居宅介護
b 事業所：訪問看護
→ 利用者

○ それぞれのサービスごとに別々の事業所からサービスを受けるため、サービス間の調整が行いにくく、柔軟なサービス提供が行いにくい。
○ 小規模多機能型居宅介護は、地域包括ケアを支える重要なサービスだが、現行の小規模多機能型居宅介護は、医療ニーズの高い要介護者に十分対応できていない。

創設後

A事業所（複合型事業所）：小規模多機能型居宅介護＋訪問看護
※地域密着型サービスとして位置づける
→ 利用者

○ 1つの事業所から、サービスが組み合わされて提供されるため、サービス間の調整が行いやすく、柔軟なサービス提供が可能。
○ 小規模多機能型居宅介護と訪問看護を一体的に提供する複合型事業所の創設により、医療ニーズの高い要介護者への支援を充実することが可能。

資料：厚生労働省社会保障審議会

図表2-10 ● 複合型サービスのイメージ

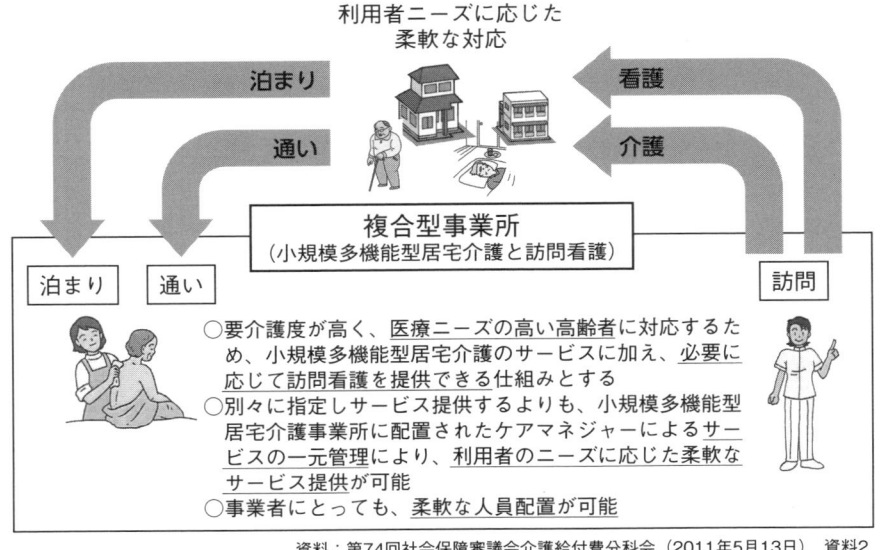

利用者ニーズに応じた柔軟な対応

泊まり／通い／看護／介護

複合型事業所（小規模多機能型居宅介護と訪問看護）

泊まり／通い／訪問

○ 要介護度が高く、医療ニーズの高い高齢者に対応するため、小規模多機能型居宅介護のサービスに加え、必要に応じて訪問看護を提供できる仕組みとする
○ 別々に指定しサービス提供するよりも、小規模多機能型居宅介護事業所に配置されたケアマネジャーによるサービスの一元管理により、利用者のニーズに応じた柔軟なサービス提供が可能
○ 事業者にとっても、柔軟な人員配置が可能

資料：第74回社会保障審議会介護給付費分科会（2011年5月13日）、資料2

5. ショートステイ

ショートステイとは、要介護者等が老人短期入所施設等に短期間入所（宿泊）し、その施設において、入浴、排泄、食事等の介護、その他日常生活上の世話、機能訓練を行うものです。

短期入所生活介護と短期入所療養介護に区分され、2012（平成24）年の介護保険法改正では、特定施設入居者生活介護においても短期利用が可能となりました。

短期入所生活介護とは主に特別養護老人ホーム等の福祉施設に併設されていますが、社会福祉法人格を有しない民間企業でも短期入所生活介護事業を行うことができます。

短期入所療養介護は、医療ニーズの高い要介護者などを主として受け入れており、介護老人保健施設、療養病床を有する病院・診療所、認知症疾患療養病棟を有する病院に併設されています。

6. グループホーム（認知症対応型共同生活介護）

介護保険法では、「要介護者であって認知症であるもの（その者の認知症の原因となる疾患が急性の状態にある者を除く。）についてその共同生活を営むべき住居において入浴、排泄、食事等の介護その他の日常生活上の世話及び機能訓練を行うことをいう。」とされており、利用者が役割を持って共同生活を営むべき住居がグループホームです。

グループホームの定員は9名以下とされ、地域密着型サービスに位置づけられているため、当該市町村の住民でなければ利用できません。家庭的な環境と地域住民との交流のもと、要介護者がその有する能力に応じて自立した日常生活を営むことを目的としています。

人員としては、管理者、介護職者の他、「ケアプランを作成する計画作成担当者」の配置が義務づけられており、管理者およびケアプラン作成担当者は、厚生労働大臣が定める研修を受けている必要があります。

当初は共同生活の場として始まったサービスですが、年数が経ち利用者の身体能力が低下してきてもそのまま暮らし続けることが多くな

り、さらには看取りをするグループホームも出てきており、その役割は多様化しています。

7. 特定施設（特定施設入居者生活介護）

特定施設入居者生活介護とは、介護保険法において「『特定施設』とは、有料老人ホームその他厚生労働省令で定める施設であって」「『特定施設入居者生活介護』とは、特定施設に入居している要介護者について、当該特定施設が提供するサービスの内容、これを担当する者その他厚生労働省令で定める事項を定めた計画に基づき行われる入浴、排泄、食事等の介護その他の日常生活上の世話であって厚生労働省令で定めるもの、機能訓練及び療養上の世話をいう」と示されています。

主に、有料老人ホームや軽費老人ホーム、ケアハウス等がその居室のすべてまたは一部について指定を受けています。

特定施設は、介護サービスの提供方法によって「一般型」と「外部サービス利用型」の2つに分類されます。「一般型」は特定施設内の職員がすべてのサービス提供をし、「外部サービス利用型」は施設と契約した外部の居宅サービス事業所が介護サービスを提供するものです。

介護保険法上の特定施設の指定を受ける有料老人ホーム等は老人福祉法上の運営基準を満たす必要があります。人員の配置は施設の形態により異なります。

（3）チームケアにおける役割

それぞれの事業の特性により役割が定められ、ケアマネジャーが作成するケアプランにその目的と内容が示されます。ケアプランは、生活歴や価値観などの個人因子と住環境、人的環境、制度的環境などの環境因子を勘案した個別性の高い支援計画でなくてはならないため、その実施にあたっては、単に介護保険サービスの提供・調整に留まらず、医療や地域との関わりが意識されていなくてはなりません。

3 施設サービス事業所

（1）趣旨（目的）・設置主体・種類

　介護保険法における施設サービスは3つに分類されます。設置主体はそれぞれ異なりますが、社会福祉法人、医療法人が主となっています。

1．介護老人福祉施設
　いわゆる「特別養護老人ホーム（特養）」と称される施設です。

2．介護老人保健施設
　一般的に「老健」と呼ばれる施設で、医療機関と在宅の中間施設になります。

3．介護療養型医療施設
　介護療養型医療施設とは急性期を脱した要介護認定者が医療機関内で看護や医学的管理下における介護を受ける病床のある施設です。
　介護保険が適用されますが、医療保険上の療養型病床と同様の機能を併せ持つことから、介護保険上の介護療養型病床は2012（平成24）年3月31日までに老人保健施設や特別養護老人ホームなどに転換し、廃止される予定でした。しかし、2011（平成23）年6月時点で8.6万床が転換されずに残っていたため、廃止が6年間延長されました。新設は認められていません。

（2）チームケアにおける役割

　地域の中での生活継続が困難になった場合には、施設入所が必要となってきますが、入所にあたってチームケアで築いてきた生活者の生活が断絶されないよう施設サービス計画に配慮が求められます。
　特に老人保健施設は、医療機関と在宅の中間施設の役割があることから、2012（平成24）年度の介護保険改定においては、在宅復帰・在宅療養支援機能を高めることを目的とした見直しがありました。従来の分類は、介護保険法施行時より開設されていた「従来型」と、介護療養型医療施設が介護老人保健施設に転換した「療養型」の2つで

したが、2012（平成24）年4月以降は「従来型」「在宅復帰強化型」「療養型」「療養強化型」の4つに分類し、新設された「在宅復帰強化型」においては、生活者が地域に戻ることを念頭に要件が定められました。これにより、介護老人保健施設の地域でのチームケアにおける役割の重要性が増したと言えます。

「在宅復帰強化型」は、以下のすべての要件を満たすことが求められています。

①リハビリ担当者（理学療法士・作業療法士・言語聴覚士など）を適切に配置すること。
②退所者の50％以上が在宅復帰していること。
③入所者の退所後30日以内（要介護4・5の入所者に対しては14日以内）に、施設職員が入所者の居宅を訪問するか、居宅介護支援事業所から情報を得るかにより、在宅生活がひと月以上（要介護4・5の場合は14日以上）継続するかどうかを確認・記録していること。
④平均在所日数が304日未満であること。
⑤要介護4・5の利用者が定員の35％以上であるか、喀痰吸引実施者または経管栄養実施者が10％以上であること。

4 高齢者住宅サービス

(1) 趣旨（目的）・設置主体・チームケアにおける役割

　高齢者の夫婦のみの世帯や単身者世帯が増加している中で、高齢者の住まい整備は大きな課題となっています。この課題への解決の糸口として「高齢者の居住の安定確保に関する法律（高齢者住まい法）」（2011〔平成23〕年10月改正）により創設された「サービス付き高齢者向け住宅」においては、さまざまな介護サービスを組み合わせて高齢者の住環境を整備しているという特徴からチームケアに直接的に関わるということではなく、まさに多職種協働の場になります（**図表2-11**）。

図表2-11 ● サービス付き高齢者向け住宅と介護保険の連携イメージ

日常生活や介護に不安を抱く「高齢単身・夫婦のみ世帯」が、特別養護老人ホームなどの施設への入所ではなく、住み慣れた地域で安心して暮らすことを可能とするよう、新たに創設される「サービス付き高齢者向け住宅」（高齢者住まい法：国土交通省・厚生労働省共管）に、24時間対応の「定期巡回・随時対応サービス」（介護保険法：厚生労働省）などの介護サービスを組み合わせた仕組みの普及を図る。

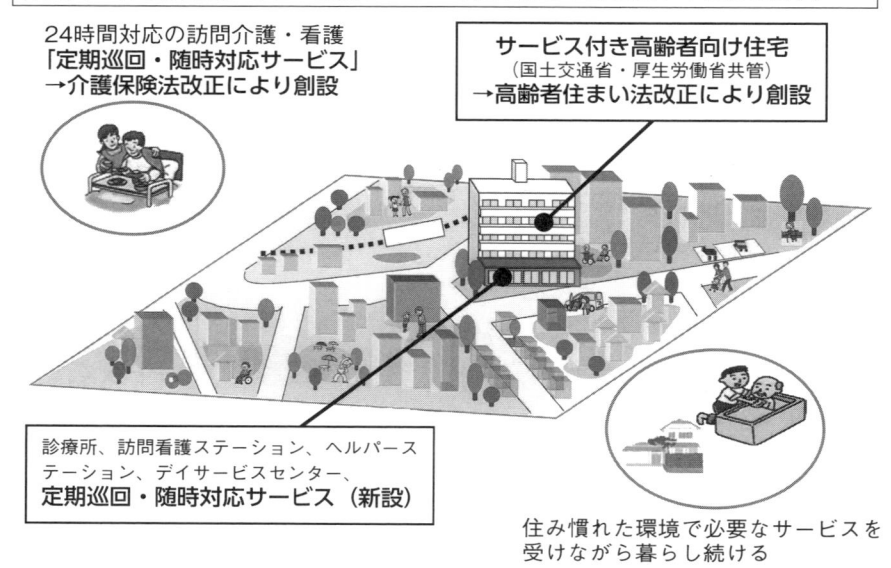

24時間対応の訪問介護・看護
「定期巡回・随時対応サービス」
→介護保険法改正により創設

サービス付き高齢者向け住宅
（国土交通省・厚生労働省共管）
→高齢者住まい法改正により創設

診療所、訪問看護ステーション、ヘルパーステーション、デイサービスセンター、
定期巡回・随時対応サービス（新設）

住み慣れた環境で必要なサービスを受けながら暮らし続ける

資料：第74回社会保障審議会介護給付費分科会（2011年5月13日）、資料2

　一方、有料老人ホームは、老人福祉法により常時1人以上の高齢者を入所させて生活サービスを提供することを目的とした施設で老人福祉施設ではないものと定められており、住環境のみではなく、生活サービスも提供されていることからチームケアに携わることになります。有料老人ホームは、介護を必要とする状況ではないが一人暮らしに不安がある等により入居する「健康型」、介護が必要になった場合でも訪問看護などの居宅サービスを利用しながら入居を続けられる「住宅型」、介護保険制度における特定施設に該当し、住まいと介護を一体的に提供する「介護付」の3つに分類されます。民間企業も多く参入しているため、サービスの内容や料金体系はさまざまです。

　有料老人ホームは厚生労働省、サービス付き高齢者向け住宅は国土交通省と厚生労働省の共同管轄、その他の高齢者住宅（高齢者向けの優良な賃貸住宅など）は国土交通省の管轄で運営されています。

4　環境要素Ⅲ　行政

1　市町村

　地域でのチームケアに関わることが多い市町村の窓口として、高齢者・障害者福祉に携わる部署、福祉事務所などが挙げられますが、市町村の役割は、福祉施策や地域づくりの推進にあります。

　介護保険法では、保険者として介護保険の財政運営、介護保険事業計画の策定、地域密着型サービス事業の指定・監督などを行います。

　地域密着型サービス事業所に開催が義務づけられている運営推進会議へも市町村職員の参加が求められています。

　権利擁護事業や成年後見制度においては、老人福祉法上の措置、緊急一時保護、成年後見制度区市町村長申立て、立入調査、面会制限、行政内部の各部署との連携等を担います。

　要介護認定を行うための介護認定審査会を組織して、認定事業を行うことも市町村の役割とされています。

2　保健所

(1) 趣旨（目的）・設置主体

　保健所とは、地域保健法に基づいて都道府県、政令指定都市、中核市、その他指定された市または特別区が設置する公的機関です。

　地域住民の健康や生活衛生（食品衛生、獣医衛生、環境衛生、薬事衛生）を支えることを目的としています。

（2）職員の構成

保健所には、所長である医師をはじめとし、医師、歯科医師、薬剤師、獣医師、保健師、助産師、看護師、診療放射線技師、臨床検査技師、衛生検査技師、管理栄養士、歯科衛生士、事務員などさまざまな職種の職員が配置されています。

（3）チームケアにおける役割

在宅療養の場面において関わりが深くなる事例は、チームケアの対象者やその家族が精神疾患・特定疾病・難病などを有する場合や専門的な対応が求められる感染症を有する場合になります。

3 地域包括支援センター

（1）趣旨（目的）・設置主体

地域に居住する支援を要する高齢者などを地域の中で包括的に支援する事業や介護予防事業を行う中核的な機関として、2006（平成18）年の介護保険法改正の際に創設されました。

主な業務としては、地域住民の心身の健康保持、生活の安定、保健医療の向上、福祉の増進、高齢者虐待などの課題に対し、地域における包括的なマネジメントを担い、課題解決に向けた取り組みを実践していくことであると介護保険法に示されています。

設置主体は市町村であり、創設当時は市役所内にセンターを設置し市町村が直接運営していることが多かったのですが、現在は日常生活圏域ごとに社会福祉法人や民間に事業を委託している地域も増えています。

日常生活圏域とは、それぞれの市町村によって、小学校区、中学校区、旧行政区、住民の生活形態、地域づくりの単位など、面積や人口だけでなく、地域の特性を踏まえて設置されているものです。市町村の介護保険事業計画も日常生活圏域が意識されたものになっています。

（2）職員の構成

担当圏域は、市町村により定められていますが、1つのセンターが担当する圏域における介護保険第1号被保険者数が概ね3,000～6,000人ごとに社会福祉士1名、保健師1名、主任ケアマネジャー1名を配置することとなっています。

（3）チームケアにおける役割

地域包括支援センターの包括支援事業として、総合相談支援、介護予防ケアマネジメント、権利擁護、包括的・継続的ケアマネジメント支援が挙げられ、地域の高齢者などの生活課題、支援の必要性を把握し、さまざまな関係機関や制度に結びつける役割があります（**図表2-12**）。そのため、地域の居宅支援事業所やサービス事業所、医療機関、地域団体などとのネットワークが重要となります。

図表2-12●地域包括支援センター（地域包括ケアシステム）のイメージ

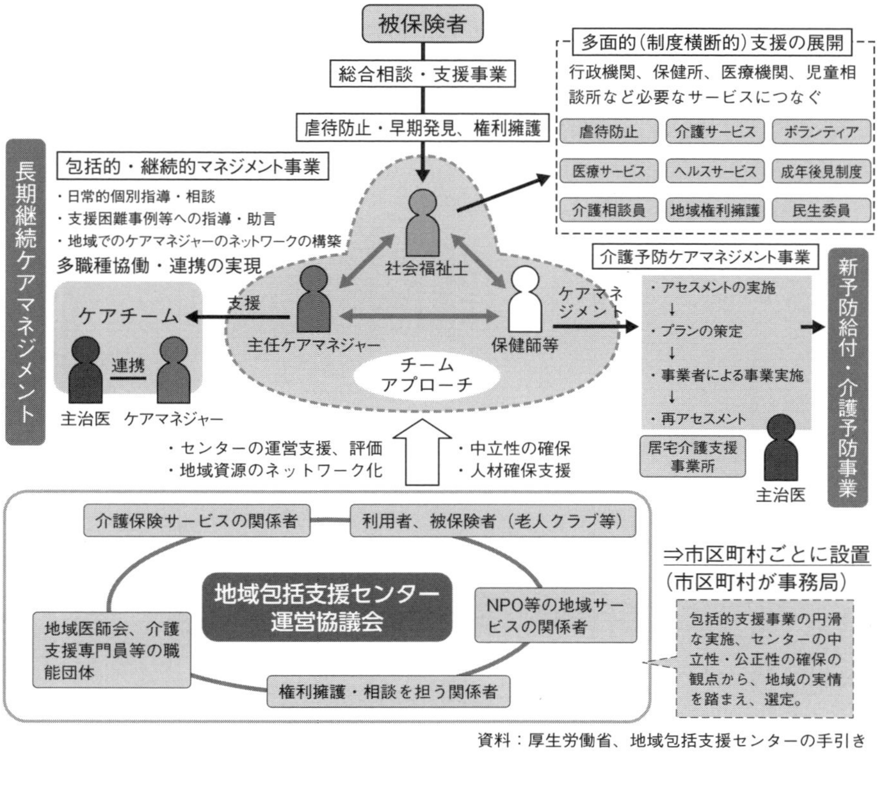

資料：厚生労働省、地域包括支援センターの手引き

また、権利擁護事業も担っており、高齢者虐待や困難事例に関与し、成年後見制度の活用促進や高齢者施設等への措置支援なども行っています。
　介護予防ケアマネジメントとしては、要支援・要介護認定予備軍とされる特定高齢者の介護予防事業や、介護保険における予防給付の対象となる要支援者のケアプラン作成や関係機関との連絡調整にあたります。

5 環境要素Ⅳ　コミュニティ

1 家族

　高齢化や核家族化が進む中、老老介護、独居高齢者が増加しており、かつてのように子や子の配偶者が親の介護を行うという役割を求めることは困難となっています。世代間の価値観の違いや女性の就業率の高まりも、家族介護が難しくなった理由の1つです。

　家族に過度な介護負担やストレスが加われば、家族の健康を害したり高齢者虐待に発展したりする事例もあります。家族の介護力を見極めたうえで適正な内容・量でチームケアに関わることが求められます。

　また、家族には長い生活の歴史や家族間の軋轢があることなどを理解していくことも必要です。

2 友人・近隣住民

　地域性が大きく反映されるものではありますが、生活様式の変化により、家族とのつながり同様、友人や近隣住民との交流が減っています。これは社会情勢だけが要因ということではなく、加齢や疾病などによる身体的状況により、必然的に友人や近隣住民との交流が減っているという背景がありますし、精神的な問題から生活者や家族が自ら関係性を絶ってしまっていることも多くあります。

　その結果、誰にも看取られずに亡くなっていく孤立死が近年、増加していると言えるでしょう。インフォーマルなサービスではあります

が、チームケアの構成員に友人や近隣住民を組み入れることで生活者が家族や専門職でない人との関わりを持ち、その中で存在意義や生きがいを見出すことが重要です。

3 町会

　医療・介護の専門職者や個人の力だけでは、支援を要する生活者の生活は維持できません。さまざまな状況下にある生活者で構成されている町会、いわゆる「地域」の最小単位の中で、相互扶助の関係性を築き個々に抱える課題を町会・地域全体の課題としてとらえることで、生活者が地域に根づくことができます。また、それが地域の活性化につながり、生活者同士で課題解決する力が持てるということになります。町会がチームケアの構成員に入ることで、チームケアの対象である生活者が、連帯感を持てることも生活の質の向上につながります。

6 チームケアに関わる職種と役割

1 医師

　チームケアを行うにあたって、生活者の健康状態の把握とそれに見合ったケアの方法が示されることが必要であり、医師が療養上の管理と併せてチームの構成員に対する指導も行います。

　定期的に生活者の居宅を訪問し、療養上の管理・指導を行うことで介護保険法上の居宅療養管理指導料を算定できます。

　また、看取りにおいては、死亡診断ができる唯一の職種であり、必要不可欠です。

2 歯科医師

　口腔衛生は高齢者の健康と密接に関係しており、口腔内が不衛生なことにより誤嚥性肺炎や感染性心内膜炎、虚血性心疾患などの内科疾患の発生率が高まったり、咀嚼(そしゃく)機能が老化や認知症に関連していることが、近年、わかってきました。高齢者の生活の質を確保するためにも歯科医師や歯科衛生士の関わりが必要になっています。

　医師と同様、生活者の居宅を訪問し、療養上の管理・指導を行うことで居宅療養管理指導料を算定できます。

3 看護師

　在宅療養患者にとって医師と同様、重要な役割を担っているのが看護師です。医師の指示にもとづく医療処置や看護業務、家族や訪問介護員などへの指導のみならず、医学的知識・技術、幅広い視野と洞察力、判断力、柔軟性を持って、医師と他の構成員との調整役も果たしています。

　特に看取りにおいては、家族の精神的な支えとしても、その特性を求められます。

4 理学療法士・作業療法士・言語療法士

(1) 理学療法士 (PT：Physical Therapist)

　「理学療法士及び作業療法士法」に定められた国家資格で、所定の育成カリキュラムを経た後、理学療法士国家試験に合格し厚生労働省に理学療法士として認可、登録されなくてはなりません。

　理学療法とは、「身体に障害のある者に対し、主としてその基本的動作能力の回復を図るため、治療体操その他の運動を行なわせ、及び電気刺激、マッサージ、温熱その他の物理的手段を加えることをいう」と定められています。

　病院に所属する他、入居施設における機能訓練指導員として配置されたり、訪問看護ステーションなどに所属し、利用者宅にてリハビリテーションを行ったりしています。

(2) 作業療法士 (OT：Occupational Therapist)

　理学療法士と同様、「理学療法士及び作業療法士法」に定められている国家資格です。

　作業療法とは、「身体又は精神に障害のある者に対し、主としてそ

の応用的動作能力又は社会的適応能力の回復を図るため、手芸、工作その他の作業を行わせること」とされています。

　身体機能の回復を図る理学療法と身体機能を実際の生活動作に応用、適応させることを目的とした作業療法は、異なるものです。今日の日本においては、リハビリに特化したリハビリテーション病院などでは、理学療法・作業療法が明確に分類されそれぞれが専門的に実施されています。一方、訪問リハビリでは、理学療法・作業療法は区分されず総合的にリハビリテーションとされ、生活に要する機能の回復、機能活用に適した環境整備のための専門職者となっています。

(3) 言語聴覚士 (ST : Speech-Language-Hearing Therapist)

「言語聴覚士法」に基づき専門養成カリキュラムを経て言語聴覚士国家試験に合格し、厚生労働省に認可、登録された専門職者です。

　言語聴覚療法とは、音声言語機能、摂食・嚥下機能、または聴覚の障害に対し、その機能の維持向上を図るための検査、指導、訓練などを言います。

　言語聴覚療法では、その療法の特性により他の雑音が入らない空間や、集中力が高められる環境を要することから、理学療法や作業療法に比べ訪問による言語聴覚療法を行う機関は少なかったのですが、近年、徐々に増えてきています。

　言語聴覚士は主に医療機関に配置されており、在宅患者が外来通院により言語聴覚療法を受けたり、言語聴覚士が配置されている通所リハビリテーションなどに通ったりする中で他職種との連携につながります。また、摂食・嚥下機能に関する治療も行うため、管理栄養士や訪問介護員との協力の場面もあります。

5　薬剤師

　薬剤師とは、薬剤師法第1条に「調剤、医薬品の供給その他薬事衛

生をつかさどることによって、公衆衛生の向上及び増進に寄与し、もって国民の健康な生活を確保する」とされ、6年制の薬学部を卒業後、国家試験に合格しなければいけません。

医薬分業が進められてきた今日では、医師が患者を診断し、処方箋を発行し、薬剤師がその処方箋に基づき、医薬品の調剤と患者への交付を行うという医師と薬剤師の責任分担が明確になってきました。

また、薬剤師が在宅患者の自宅に出向き、その生活習慣に合った服薬や薬の管理方法を指導する中で、医師、看護師はもとより家族やケアマネジャー、居宅サービス事業者との連携も必須となります。

6 管理栄養士・栄養士

栄養士とは、「都道府県知事の免許を受けて、栄養士の名称を用いて栄養の指導に従事することを業とする者をいう」と栄養士法第1条に示されています。栄養士のうち、実務経験年数など一定の条件を満たし、国家試験に合格した場合、厚生労働省から管理栄養士としての免許が与えられます。

管理栄養士は、「傷病者に対する療養のため必要な栄養の指導」「個人の身体の状況、栄養状態等に応じた高度の専門的知識及び技術を要する健康の保持促進のための栄養の指導」並びに「特定多数人に対して継続的に食事を供給する施設における利用者の身体の状況、栄養状態、利用の状況等に応じた特別の配慮を必要とする給食管理」および「これらの施設に対する栄養改善上必要な指導等」を行うことを業とする者とされています。

医療機関に配属される管理栄養士は、院内の給食管理や外来における食事栄養指導、退院時の食事栄養指導などが主な業務です。

介護保険制度下においては、要支援・要介護認定者に対する管理栄養士による居宅療養管理指導が位置づけられており、在宅で利用者の生活に即した食事栄養指導を行うことができます。

食事栄養指導の内容は、疾患に応じた献立のみでなく、嚥下機能の評価や食べる動作、環境の整備にも及ぶため、介護職員、かかりつけ医、歯科医、訪問看護師などとの連携が重要になります。

7 医療ソーシャルワーカー

医療機関の医療相談室・地域医療連携室・在宅ケア室などに所属し、主に社会福祉士や精神保健福祉士などの資格を有する者が、医療機関内において利用者が生活問題を主体的に解決していけるよう支援します。

1989（平成元）年厚生省健康政策局長通知による「医療ソーシャルワーカー業務指針」（2002〔平成14〕年改正）によって業務基準が確立しました。

その業務範囲として、次の6項目が掲げられています。
①療養中の心理的・社会的問題の解決、調整援助
②退院援助
③社会復帰援助
④受診・受療援助
⑤経済的問題の解決、調整援助
⑥地域活動

今日では、退院援助業務が主となっており、利用者の退院後における地域の医療および社会資源の情報提供や活用の調整を行っています。

病院内のコーディネーター的役割を担い、在宅と医療機関を結ぶパイプ役でもありますが、医療ソーシャルワーカーを配置せず、事務職員が取り次ぎのみを行ったり、規模の大きい医療機関であっても数名しか配置されていないのが通例です。

8 介護支援専門員（ケアマネジャー）

　ケアマネジャーは、2000（平成12）年に制定された介護保険法の理念である「保健医療の向上及び福祉の増進を図る」ことを目的として、同法（第7条第5項）に、要介護者又は要支援者（以下、要介護者等）からの相談に応じ、及び要介護者等がその心身の状況等に応じ各種サービス事業を行う者等との連絡調整等を行う者であって、要介護者等が自立した日常生活を営むのに必要な援助に関する専門的知識及び技術を有するものとして、介護支援専門員証の交付を受けたもの、と位置づけられています。

　厚生労働省で定める実務経験を有し、介護支援専門員実務研修受講試験に合格したのち、実務研修過程を修了することで都道府県に登録することができます。

　介護支援専門員実務研修受講試験を受けられるのは、医師、歯科医師、薬剤師、保健師、助産師、看護師、准看護師、理学療法士、作業療法士、社会福祉士、介護福祉士、視能訓練士、義肢装具士、歯科衛生士、言語聴覚士、あん摩マッサージ指圧師、はり師、きゅう師、柔道整復師、栄養士（管理栄養士）、精神保健福祉士または、一定の要件を満たす相談業務従事者となっていますが、研修受講後、実際にケアマネジャーの実務を行っているのは、介護福祉士など介護専門職者であることが多いです。

　また、その資質の維持、向上のため、資格登録の更新制度（5年制）がとられており、登録証の有効期限が切れる前に更新研修を受けることが義務づけられています。さらに、実務経験が5年以上あり、所定の専門研修課程を修了したケアマネジャーは、主任ケアマネジャーとして、一般のケアマネジャーの業務に加え、他のケアマネジャーに対する助言・指導を行っています。地域包括支援センターに必置とされているのは、この主任ケアマネジャーです。

　ケアマネジャーの業務はケアプランの立案であり、ケアプランの実

施にあたり、介護サービスの利用や関係者との連絡調整を行います。まさにチームケアのコンダクター的役割を持つことになります。そのため、ケアマネジャーには、各専門機関や専門職者への理解とその分野における一定の知識を有することが求められます。

9 介護職員（介護福祉士・訪問介護員等）

　高齢者施設内におけるチームケアでは、介護職員がチームのコンダクターになっているものの、地域の中では、介護職員がその専門性を発揮しきれていない状況にありました。

　その原因は、医療関連行為を介護職が行うことが許されず、医療従事者や家族介護に依存せざるを得ない状況があったこと、訪問介護員養成過程を比較的容易に修了できるため、介護職員の質が確保されにくかったことが挙げられます。

　しかし、2012（平成24）年の介護保険法改正に向けて施行された「介護サービスの基盤強化のための介護保険法等の一部を改正する法律」（2011［平成23］年6月）の柱の1つである「介護人材の確保とサービスの質の向上」の具体策として、介護職員等によるたんの吸引等の実施の許容、介護福祉士の資格取得方法の見直し（**図表2-13**）が挙げられ、介護職員に課せられる知識・技術の習得と与えられる権限が広がりました（**図表2-14**）。

図表2-13 ● 社会福祉士及び介護福祉士法改正の概要

平成19年の「社会福祉士及び介護福祉士法」の一部改正により、すべての者は一定の教育プロセスを経た後に国家試験を受験するという形で、資格取得方法の一元化が図られた。

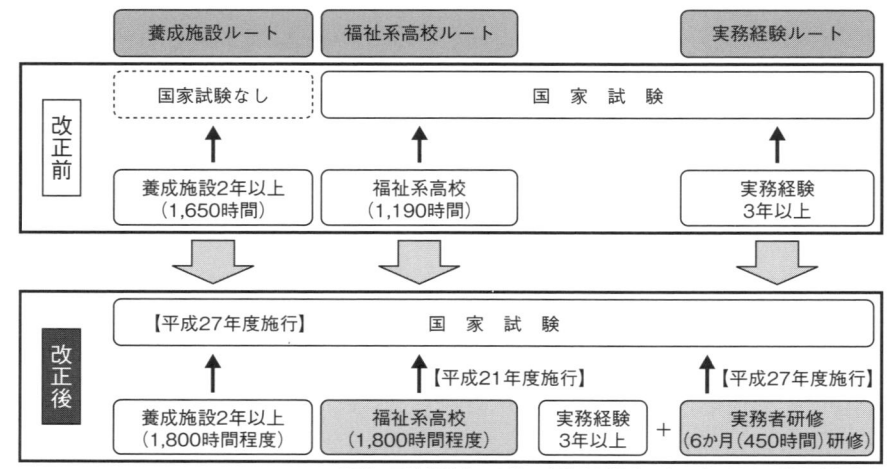

改正前

養成施設ルート → 国家試験なし ← 養成施設2年以上（1,650時間）
福祉系高校ルート → 国家試験 ← 福祉系高校（1,190時間）
実務経験ルート → 国家試験 ← 実務経験3年以上

改正後

【平成27年度施行】国家試験
- 養成施設2年以上（1,800時間程度）
- 【平成21年度施行】福祉系高校（1,800時間程度）
- 実務経験3年以上 ＋【平成27年度施行】実務者研修（6か月（450時間）研修）

資料：厚生労働省、今後の介護人材養成の在り方に関する検討会報告書

図表2-14 ● 今後の介護人材のキャリアパス

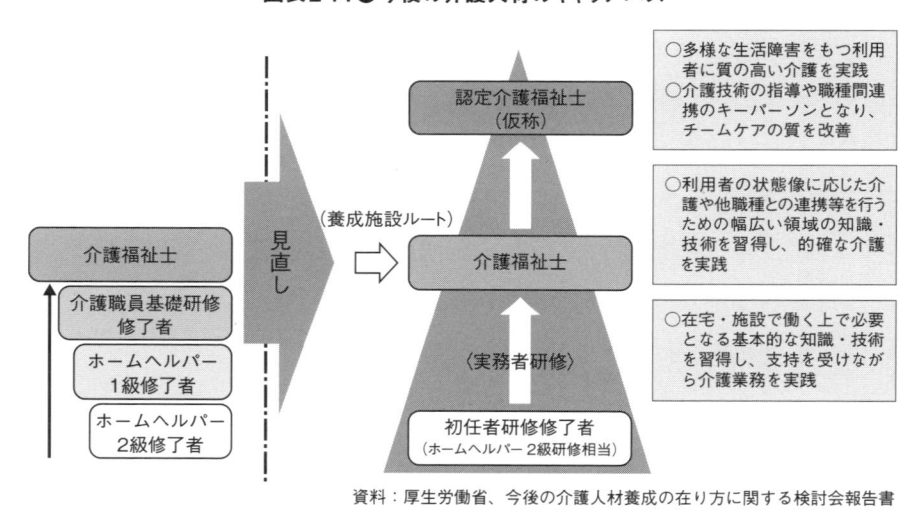

見直し前
- 介護福祉士
  - 介護職員基礎研修修了者
  - ホームヘルパー1級修了者
  - ホームヘルパー2級修了者

見直し後（養成施設ルート）
- 認定介護福祉士（仮称）
  - ○多様な生活障害をもつ利用者に質の高い介護を実践
  - ○介護技術の指導や職種間連携のキーパーソンとなり、チームケアの質を改善
- 介護福祉士
  - ○利用者の状態像に応じた介護や他職種との連携等を行うための幅広い領域の知識・技術を習得し、的確な介護を実践
- 〈実務者研修〉
- 初任者研修修了者（ホームヘルパー2級研修相当）
  - ○在宅・施設で働く上で必要となる基本的な知識・技術を習得し、支持を受けながら介護業務を実践

資料：厚生労働省、今後の介護人材養成の在り方に関する検討会報告書

確認問題

問題1 以下の選択肢のうち、正しいものを2つ選びなさい。

①チームケアは生活者が抱える課題の抽出から始まり、チームの構成員は、課題により調整される。

②生活者の課題の抽出や身体状況などのアセスメントは常に介護支援専門員が行い、その結果がチームケアの構成員に伝えられる。

③チームケアの方針は退院調整会議の場で話し合われ、もっとも尊重すべきものは健康の維持であり、生活者の思いや願いよりも専門職者の意見が優先される。

④チームケアの構成員は、相互の専門性と職種ごとに求める情報が異なることを理解する必要がある。

⑤チームケアにおける役割分担には、生活者自身や家族も含まれるが、家族については、その介護負担を軽減するため、役割を最小限にすべきとされている。

確認問題

解答1 ① ④

解説1

① ○：設問の通り。

② ×：介護支援専門員のみがアセスメントするのではなく、各専門職者の立場から行われその情報を共有する。

③ ×：方針を定める際の前提は「生活者中心の考え方」である。方針決定には、生活者や家族の「思い」や「願い」が反映されていなければならず、必ずしも健康維持や専門職者の意見が優先されるものではない。

④ ○：設問の通り。それぞれがどのような情報を必要としているかを理解し、適切な場面で正確な情報を提供しあう必要がある。

⑤ ×：生活者の家族もチームケアの構成員であり、その特性と個別性を理解した役割が与えられる。役割の内容と量は家族の介護力を見極めた上で決定される。

第3章
チームケアの実践

1. カンファレンス
2. リハビリテーション
3. 認知症
4. 終末期ケア

1 カンファレンス

1 カンファレンスの準備と進め方

(1) カンファレンスの準備

　多職種が出席するカンファレンスを行うためには事前の準備が大切です。カンファレンスが成功するかどうかは、この準備にかかっていると言っても過言ではありません。

　まず、なぜカンファレンスが必要なのか、生活支援上のどの課題を解決したいのか、その目的をはっきりさせることが大切です。目的が決まれば、必然的に参加メンバーも決まってきます。参加メンバーの日程を調節することは困難な作業ですが、可能であればもっとも多忙である医師の都合に合わせる配慮が必要でしょう。また、会議の場所も医師の診療所や、医師の訪問診療の予定に合わせて患者宅などで行うこともあります。

　カンファレンスの場所と日時、目的は、文書により参加者全員に知らせます。このとき、当日参加できない予定者には、事前に文書で意見をもらっておくとよいでしょう。

(2) カンファレンス当日

　カンファレンスは時間厳守で行いましょう。開始時におおよその時間を決めておき、だらだらと長時間行わないようにします。通常は15分で十分です。忙しい専門職を30分以上も拘束するのはやめましょう。短時間で内容のあるカンファレンスを行うことで、次回も参加しやすくなります。

初めて参加する人がいる場合には簡単な自己紹介から始め、カンファレンスの目的を再度確認します。1人の発言は2分以内、目的に沿った内容とし、いっぺんに多くの内容を話さないように事前にお願いしておきます。また、医療職から難解な専門用語が出たら、そのつど参加者が理解しているか確認することも必要です。参加者全員に発言の機会を与えて、自分の意見を言えるようにすることが望ましいでしょう。重要な意見が出たら、司会者は繰り返してその内容を参加者全員に認知させましょう。当日のカンファレンスで決まらないことは、いつまでにどのように決めるか全員に了解を得て、最後に決まったことを反復確認します。

(3) カンファレンスの後の確認作業

カンファレンスの内容を簡単にまとめて、参加者全員に送ることも必要です。また、カンファレンスの内容がサービスの向上につながったかを検証することも忘れてはいけません。

図表3-1 ●カンファレンスの進め方

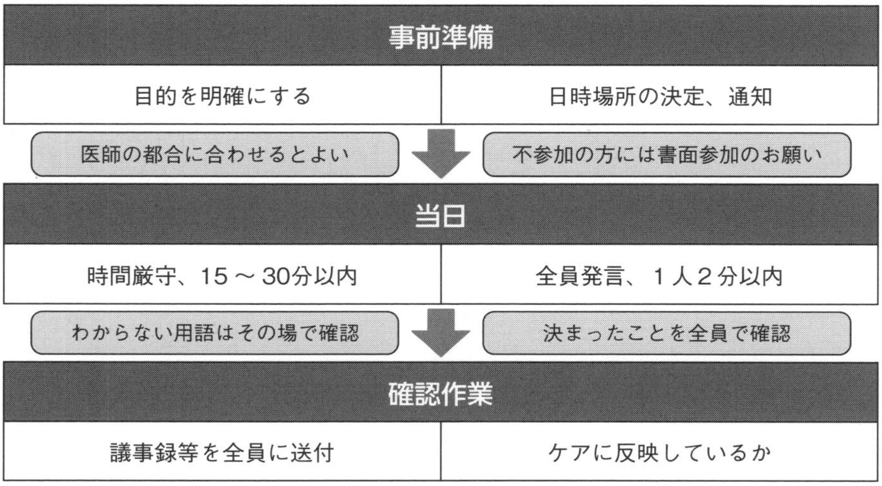

事前準備	
目的を明確にする	日時場所の決定、通知
医師の都合に合わせるとよい	不参加の方には書面参加のお願い

当日	
時間厳守、15〜30分以内	全員発言、1人2分以内
わからない用語はその場で確認	決まったことを全員で確認

確認作業	
議事録等を全員に送付	ケアに反映しているか

2　退院前カンファレンス

(1) 参加者

　退院前カンファレンスは、医療モデルから生活モデルへの転換をするために重要なものです。このカンファレンスは、急性期の治療が終わり、在宅での質の高い療養生活を送るために、入院治療を担当した医療機関の専門職と、退院後に介護や医療を担当する専門職が一同に集まり、利用者とその家族を含めて行います。通常は、利用者が入院している医療機関で行われます。出席者は、医療機関からは担当医、病棟看護師、理学療法士または作業療法士、管理栄養士、医療ソーシャルワーカーです。他に、ケアマネジャー、訪問看護師、介護職員、デイサービス職員など、自宅に戻ってから利用を予定している事業所の関係者が集まります。

(2) 情報共有

　カンファレンスの通知や当日の司会まとめは、医療機関側の医療ソーシャルワーカーの役割です。通常は医療ソーシャルワーカーが病院と在宅の専門職、および利用者家族との日程調整を行い、治療が一段落して退院のめどが立った時点で行います。ケースによっては、退院準備の段階で1回行い、その確認を含めて退院直前に2回目を行うこともあります。

　まず、それぞれの専門職の立場から病状の説明を行い、その情報を共有します。医療機関の医師からは、入院後の経過と退院してからの医学的な注意点などを、看護師からは、病棟での日常生活動作の自立度や、在宅での血糖測定など医療行為の説明をしてもらいます。理学療法士は、できれば利用者の自宅を退院前に家屋調査して、在宅生活に必要と思われる改修工事や補助具についての説明をします。管理栄養士は、在宅での介護状況や誰が食事を作るのかなどの家庭での背景を把握したうえで、実現可能な範囲での食事の注意を行います。

（3）ケアプラン

次に、在宅生活での課題を整理したうえで、克服可能なケアプランについて、在宅側が医療機関の専門職と相談します。医療機関の医師や看護師は、在宅での介護状況を十分に把握していないことも多く、現実的に無理な要求をすることもあるので、在宅で看ていく側としては、折り合いをつける方法を探っていかなくてはなりません。もちろん、利用者とその家族の希望をケアプランに取り入れていくことも必要です。在宅側の職種としては、初回のカンファレンスとなるので、スムーズな意志疎通でチーム形成ができるように、利用者の思いを受けた方向性をしっかりと決めていくことが大切です。

事例 ◆ 退院前カンファレンスの事例

●M.Mさん（91歳、女性）

【病名】
　第12胸椎圧迫骨折、関節リウマチ、高血圧、骨粗鬆症

【経過】
　急に歩けなくなったため外来受診をしたところ、肺炎と診断されて入院治療となりました。抗生剤の点滴投与で肺炎も治り、リハビリ治療で介助歩行可能となり病院の医師から退院予定日を提示されたことを受けて、退院前カンファレンスが開催されました。

【参加者】
　病院医師、看護師、医療ソーシャルワーカー、担当ケアマネジャー、介護職員、訪問介護ステーション所長、利用者の家族

【背景】
　利用者は早期退院を望んでおり、今回の退院日決定に喜んでいましたが、家族は肺炎の再発が心配であり退院延期の希望がありました。
　そこで、医師から入院後の経過を説明して、肺炎は治っており、リハビリで介助歩行も可能であり、退院の延期は難しいとの話が

ありました。看護師からも食事をよく食べており、排泄もポータブルトイレで自立している旨の説明があり、本人も家に帰れることを楽しみにしていることから、退院したほうがよいとの話がありました。

家族は病状のことは納得しましたが、在宅に戻ってからの介護面での不安があるとのことで、課題を探って解決方法の調整をすることになりました。

【退院に向けての課題】
①夫婦は共働きで日中独居であり介護力不足であること。
②入浴はこれまで家族が行っていたが、この負担が重く、できれば軽減してもらいたい。
③無理をして転倒することが心配である。
④今後、医療機関に連れて行くことができない。

【退院に向けての調整】
①日中独居の介護力不足を補うための訪問介護の導入。
②入浴のためのデイサービスの検討。
③理学療法士が家屋調査を行い、可能な移動方法と自宅にある福祉用具が使えるかの検討。訪問リハビリの導入の検討。
④訪問診療の導入の検討。

【退院直前の状況】
4点杖とつかまり歩行は可能となりましたが、当面は1人のときは自室以外の歩行はしないで、介護職員がいるときに食堂やトイレに行くことを利用者本人に納得してもらいました。

月～金曜日（1日2回）の訪問介護、入浴も含めたデイサービス週2回、訪問リハビリ週1回、訪問診療月2回のサービスが決まり、家族も納得して退院しました。住み慣れた家で暮らしたいという本人の希望に沿うために、多職種が協働した在宅生活が始まりました。

3 診療報酬加算について

○退院調整加算（入院医療機関算定）

　入院医療機関の医療ソーシャルワーカー等が、入院7日以内に退院困難な患者に対し、退院に向けての問題の抽出と解決のため関係職種への調整等を行い、患者が退院した場合に算定します。
・退院が14日以内の期間……340点
・15日以上30日以内の期間……150点
・31日以上の期間……50点

○退院時共同指導料1（在宅を担う医療機関が算定）

　入院中の患者について、入院医療機関の医師または指示を受けた看護師と患者の退院後の在宅療養を担う医師または指示を受けた看護師が、入院している医療機関にて共同で退院後の療養上必要な説明や指導を行った場合に算定します。
・在宅療養を担う医療機関が「在宅支援診療所」の場合……1,000点
・それ以外の医療機関の場合……600点

○退院時共同指導料2（入院中の医療機関で算定）

　入院中の患者について、入院医療機関の医師または指示を受けた看護師と患者の退院後の在宅療養を担う医師または指示を受けた看護師、または訪問看護ステーションの看護師、理学療法士、作業療法士、言語療法士が、入院している医療機関にて共同で退院後の療養上必要な説明や指導を行った場合に算定します。
・入院している医療機関にて算定……300点
　　入院中の医療機関の医師と在宅療養を担う医師との共同の場合は、300点加算します。また、上記の場合の他、歯科医師もしくは医師より指示を受けた歯科衛生士、保険薬局の薬剤師、訪問看護ステーションの看護師、ケアマネジャーのうち3者以上で共同して

行った場合は、2,000点加算します。

○退院前訪問指導料（入院中の医療機関で算定）

・退院に向けて、患者の居宅へ訪問し、患者または家族に対して退院後の在宅での療養上の指導を行った場合に算定……555点

　以下の2点については、訪問診療を実施している医療機関の求めに応じて、患者の急変等の際に患者の居宅において、歯科訪問診療を実施している医療機関、保険薬局薬剤師、訪問看護ステーションの看護師等、ケアマネジャーら関係職種とのカンファレンスを行った場合に算定できます。

○在宅患者緊急時等居宅カンファレンス加算

・（医療機関にて算定）……200点

○緊急時等居宅カンファレンス加算

・（居宅支援事業所にて算定）……200単位

2 リハビリテーション

1 リハビリテーションとは

（1）人間らしく生きる権利の回復

　リハビリテーションというと、理学療法士や作業療法士が関わる機能訓練を連想する方が多いと思いますが、もっと広い意味でとらえるべきです。リハビリテーションとは障害のある人が、能力やその状態を改善することで尊厳や自己実現を可能にして、人間らしく生きる権利を回復するためのあらゆる手段のことです。外傷や病気で身体に障害が残っても、残存機能を活用することはもちろん、さまざまな補助具を使うことや新しい機能の習得により、仕事に復帰したり、日常生活を自立したりすることで、その人の社会性と尊厳を回復していきます。

　例えばデイサービスに参加することも立派なリハビリテーションです。デイサービスを利用するためには、外出をしなければなりません。日中は着替えもせずパジャマで過ごしていた人も、顔を洗って、着替えをして、出かけます。さらには送迎車に乗ったり、デイサービスで体操をしたり、いつもより運動量が増えます。自宅では1人でテレビばかり見て過ごしていた人も、デイサービスにきた人や職員と話をするでしょうし、友だちができるかもしれません。すべての活動がその人の尊厳と人間らしく生きる権利の回復に役立っています。

　デイサービスだけでなく、尊厳とその人らしく生きる権利の回復につながるすべてのサービスは、広い意味でリハビリテーションと考えてよいわけです。その観点から言うと、リハビリテーションは理学療

法士や作業療法士だけが行うものでなく、介護職も看護師も管理栄養士も、すべての職種が関わってくる仕事です。

（2）社会性の回復

多くの方は障害を持つと、どうしても閉じこもりがちになり、社会とのつながりが少なくなります。行動範囲が狭まるだけでなく、人間関係も狭くなり、独居の方は1日誰とも話をしないこともあります。援助する専門職としては、社会とのつながりに関しては、介護保険のフォーマルなサービスだけでなく、ボランティア等の力を借りたインフォーマルなサービスも念頭に入れて、ケアプランを考えていくべきです。尊厳と社会性の回復を通じた自己実現を可能にしてその人らしさを取り戻すこと、すなわちリハビリテーションは、多職種すべてが心がけるべきことです。

2 理学療法士、作業療法士の役割

尊厳と人間らしく生きる権利を回復するというリハビリテーションの広義の意味からも、理学療法士と作業療法士の役割は、単に残存機能を回復するための機能訓練をするだけでなく、家屋調査により住みやすい住環境への助言、適切な補装具選び、訓練による新しい機能獲得など、多岐にわたります。特に補装具を使い、障害を克服することは生活を豊かにするうえで大切です。

近眼で遠くのものが見えにくいとか、虫歯で歯がないときは、眼鏡をするとか、歯のインプラントを使うなどで生活上の支障は少なくなります。どんなに機能訓練をしても治らない障害はあるのです。障害をその人らしさと認めて、補装具を使うことで生活上の不自由を軽減していけばよいのです。

下肢を切断した人にどんなに機能訓練を行っても、切断した足は戻りません。しかし、義足を使うことで、また歩けるようになりますし、

走ることもできるかもしれません。

医学的な理由からどんなに機能訓練を行っても歩けない人はいます。もちろん、機能訓練を行って、残存機能を強化することは大切です。しかし、歩けない人に無理なリハビリテーションをして時間を過ごすよりも、車椅子で外出して好きな所に行ったり、自分の好きなことをしたりするほうが豊かな時間を過ごせる場合もあるのです。

さらには、脳梗塞で右麻痺となり、右手で書字ができなくなった人に、左手で書字の訓練をするというような、新しい機能の獲得もリハビリテーションの大切な考え方です。そういう観点から、リハビリテーションをもう一度見直してみてください。

3 ICF：国際生活機能分類

(1) ICIDHからICFへ

1980（昭和55）年に世界保健機関（WHO）により制定された「国際障害分類（ICIDH）」（**図表3-2**）は、10年あまりの改定作業を終えて、2001（平成13）年に「国際生活機能分類（ICF）」（**図表3-3**）と名前を変えて世界保健機関（WHO）の総会で採択をされました。

図表3-2●国際障害分類（ICIDH）

1980年版ICIDH概念モデル

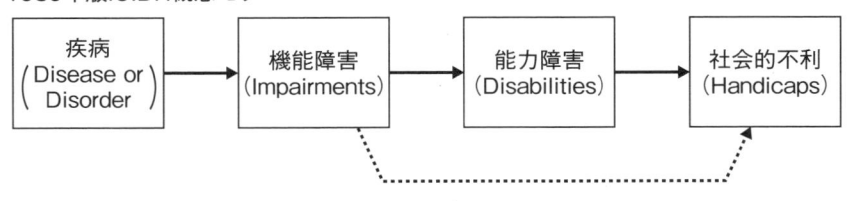

疾病(Disease or Disorder) → 機能障害(Impairments) → 能力障害(Disabilities) → 社会的不利(Handicaps)

図表3-3 ● 国際生活機能分類（ICF）

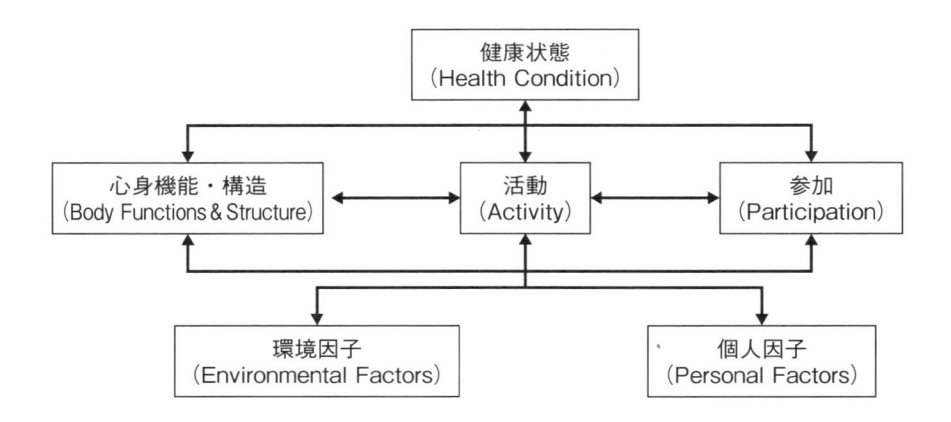

```
                    健康状態
                （Health Condition）
                   ↑   ↑   ↑
                   ↓   ↓   ↓
   心身機能・構造 ←→  活動  ←→    参加
(Body Functions    （Activity）    （Participation）
  & Structure）
        ↑↓          ↑↓            ↑↓
    環境因子                    個人因子
（Environmental Factors）   （Personal Factors）
```

「国際障害分類（ICIDH）」では、疾患・変調が原因となって機能・形態障害を起こし、それから能力障害が生じて、社会的不利を起こすというものでした。機能・形態障害から社会的不利が生じることもあります。これは例えば顔のあざなどで、能力障害はなくても社会的不利を起こし得る場合があることを指しています。

しかし、環境因子を考えていなかったり、当事者の意見が反映されていないなどの批判があり、新しく「国際生活機能分類（ICF）」が障害者団体も入れた議論の中で制定されたのです。

（2）ICFの特徴

ICFでは障害のマイナス面でなく、プラス面を示す用語が用いられています。すなわち、機能障害（Impairment）の代わりに心身機能・身体構造（Body Functions and Structure）、能力障害（Disability）の代わりに活動（Activity）、社会的不利（Handicap）の代わりに参加（Participation）を用いています。これは、障害のある生活者のマイナス面を見るのではなく、プラス面を見るべきだという新しい考え方によるものです。

新しいICFの特徴は、プラス面を示す名称の採択だけでなく、疾患から健康状態へと用語が変わっていることです。これは、疾患だけで

なく例えば高齢である、ストレス状態であるなどの広い範囲の状態を示しています。また、矢印は両方向であり、相互作用モデルとなっています（**図表3-3**）。また、環境因子と個人因子を背景因子として含めたことも大きな変化です。

ICFが制定されたことにより、障害の見方はマイナス面からプラス面へと視点が大きく転換しました。リハビリテーションは過去の生活への復帰ではなく、新しい人生・生活の創造を目指すことでもあるのです。

事例　◆　回復期リハを目指した担当者会議

●H.Iさん　（76歳、男性）
【病名】
　脳梗塞後遺症
【経過】
　発症後、急性期病院での治療で一命は取り留めたものの、右の片麻痺と軽度の失語症が後遺症として残りました。言葉が出にくくなったことが本人にとってはショックであり、約3週間の入院で回復期リハビリ病院へ転院せずに自宅へ戻りました。準備がほとんどできていない段階での退院であり、担当ケアマネジャーが回復期のリハビリを在宅で行っていくための担当者会議を開催しました。
【参加者】
　ケアマネジャー、かかりつけ医、理学療法士、デイケアの責任者、補助具の業者、利用者本人、利用者の妻
【背景】
　初対面の人も多く、ケアマネジャーが司会を担当して、自己紹介から始まりました。まず、医師からこれまでの経過と現在の状態、さらに今後の回復の可能性についても説明がありました。

【課題】
①日常生活の自立をどのように図っていくのか。
②本人の希望や生きがいをどのようにつくり出していくのか。
③健康を維持していくための方法。

【方針】
①日常生活の自立は、補装具の見直しと手すりをつけるなどの家屋改修、さらには左手での食事等、日常生活訓練を訪問リハビリテーションで行うこととしました。
②本人の趣味はクラシック音楽鑑賞であり、家で音楽を聴くだけでなく車椅子でコンサートに行くことで生きがいづくりを目指しました。
③健康維持は訪問看護とかかりつけ医への定期的外来通院で図っていくことにしました。さらに、デイケアに参加することを勧めて、本人も納得して週2回のサービスが始まりました。

【その後の経過】
　家屋改修で手すりを設置したことで、家の中の移動が自立しました。デイケアは男性の利用者が多く、本人も気に入り、3か月後には、週2回から3回へと回数を増やし、下肢装具を着けての杖歩行が可能となりました。念願のクラシックコンサートに行くことができてから、目に見えて活気が出てきました。次の目標は、奥様との1泊旅行を設定しています。

3 認知症

1 認知症ケア

　認知症は高齢になればなるほど発症率が上がる病気であり、高齢者の増加に伴い、患者数が増えています。また、認知症は症候群であり、70程度の疾患が含まれていて、5％程度は慢性硬膜下血腫など治癒可能な病気もあります。認知症の半数以上はアルツハイマー型認知症で、レビー小体型認知症、前頭側頭型認知症、脳血管性認知症で認知症全体の9割を占めており（**図表3-4**）、本節では、これら4大認知症の特徴とアルツハイマー型認知症の多職種協働によるケアのポイントについて解説していきます。

図表3-4 ●認知症の原因疾患別頻度の目安（推測値）

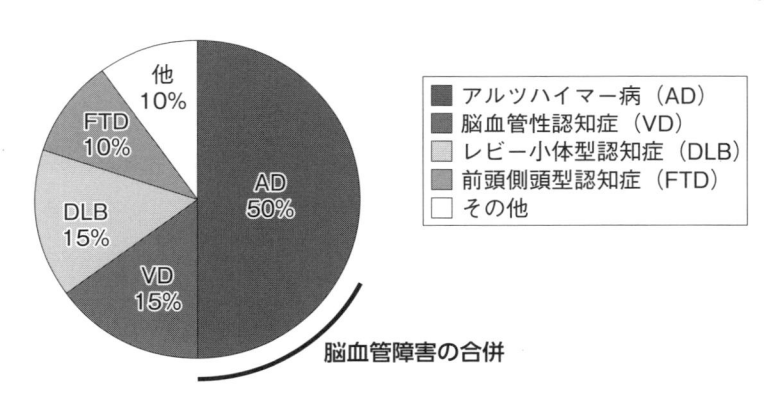

- アルツハイマー病（AD） 50％
- 脳血管性認知症（VD） 15％
- レビー小体型認知症（DLB） 15％
- 前頭側頭型認知症（FTD） 10％
- その他 10％

脳血管障害の合併

資料：山口晴保編著、『認知症の正しい理解と包括的医療・ケアのポイント』を一部改変

認知症とは「成人に起こる記憶および知能の障害により、社会生活に支障をきたす状態」と定義されます。社会生活に支障をきたす状態というところがポイントであり、社会的に地位が高く、さまざまな判断を迫られる立場の人であれば、認知症はすぐに気づかれますが、家事をお嫁さんに譲って、庭の草むしりをすることが日課のおばあさんでは、社会生活の支障がなく、病的な物忘れがあっても認知症とは診断できない場合もあります。

　最近では、MRI検査やSPECT検査などの診断機器が進歩していますが、認知症の診断はあくまでも症候学であり、その人がどんな症状を呈するのかを詳しく聞いたり、観察したりして診断していくものです。もちろん、除外診断として頭部CT検査や血液検査は必要ですが、それらだけでは認知症との診断はつかないのです。最終的な診断は、死後に脳細胞の病理検査を行うことで可能ですが、生前にアルツハイマー病と診断されていた方がレビー小体型認知症であったり、レビー小体型と診断されていた方が前頭側頭型認知症であったりするのはよくあることです。

　認知症のスクリーニングとして行われる検査では、質問形式のものとして、改訂長谷川式簡易知能評価スケール（HDS-R）(**図表3-5**)やミニメンタルステート検査（MMSE）(**図表3-6**)などがあります。質問に答えられない人の場合には、観察式のアセスメント・ツールとして、初期認知症徴候観察リスト（OLD）やFunctional Assessment Staging（FAST）(**図表3-7**)などがあります。これらの検査で認知症の初期以外は、おおよその程度が判定可能です。

図表3-5 ●改訂長谷川式簡易知能評価スケール（HDS-R）

1	お歳は幾つですか？（2年までの誤差は正解）				
2	今日は何年の何月何日ですか？　何曜日ですか？ （年月日、曜日が正解でそれぞれ1点ずつ）	年 月 日 曜日	0 0 0 0	1 1 1 1	
3	私たちがいまいるところはどこですか？ （自発的にでれば2点、5秒おいて家ですか？　病院ですか？　施設ですか？ のなかから正しい選択をすれば1点）		0	0 1	1 2
4	これから言う3つの言葉を言ってみてください。あとでまた聞きますのでよく覚えておいてください。 （以下の系列のいずれか1つで、採用した系列に○印をつけておく） 1：a) 桜　b) 猫　c) 電車　　2：a) 梅　b) 犬　c) 自動車		0 0 0	1 1 1	
5	100から7を順番に引いてください。 （100－7は？　それからまた7を引くと？　と質問する。最初の答えが不正解の場合、打ち切る）	(93) (86)	0 0	1 1	
6	私がこれから言う数字を逆から言ってください。 （6-8-2、3-5-2-9を逆に言ってもらう。3桁逆唱に失敗したら、打ち切る）	2-8-6 9-2-5-3	0 0	1 1	
7	先ほど覚えてもらった言葉をもう一度言ってみてください。 （自発的に回答があれば各2点。もし回答がない場合以下のヒントを与え正解であれば1点） a) 植物　b) 動物　c) 乗り物	a： b： c：	0 0 0	0 1 1	2 2 2
8	これから5つの品物を見せます。それを隠しますのでなにがあったか言ってください。 （時計、鍵、タバコ、ペン、硬貨など必ず相互に無関係なもの）		0 3	1 4	2 5
9	知っている野菜の名前をできるだけ多く言ってください。 （答えた野菜の名前を右欄に記入する。途中で詰まり、約10秒間待っても出ない場合にはそこで打ち切る） 0～5＝0点、6＝1点、7＝2点、8＝3点、9＝4点、10＝5点		0 3	1 4	2 5
		合計得点			

資料：大塚俊男他著、『高齢化のための知的機能検査の手引き』、ワールドプランニング、1991年

図表3-6 ●ミニメンタルステート検査（MMSE）

	質問内容	回答	得点
1（5点）	今年は何年ですか	年	
	今の季節はなんですか		
	今日は何曜日ですか	曜日	
	今日は何月何日ですか	月　日	
2（5点）	ここは何県ですか	県	
	ここは何市ですか	市	
	ここは何病院ですか		
	ここは何階ですか	階	
	ここは何地方ですか		
3（3点）	物品名3個（相互に無関係）		
	検者は物の名前を1秒間に1個ずつ言う		
	その後、被験者に繰り返させる		
	正答1個につき1点を与える（3個すべて）		
	言うまで繰り返す（6回まで）		
	何回繰り返したかを記せ	回	
4（5点）	100から順に7を引く（5回まで）		
	あるいは「フジノヤマ」を逆唱させる		
5（3点）	3で提示した物品名を再度復唱させる		
6（2点）	（時計を見せながら）これは何ですか		
	（鉛筆を見せながら）これは何ですか		
7（1点）	（次の文章を繰り返す）		
	「みんなで、力を合わせて綱をひきます」		
8（3点）	（3段階の命令）		
	「右手にこの紙をもってください」		
	「それを半分に折りたたんでください」		
	「机の上においてください」		
9（1点）	（次の文章を読んで、その指示に従ってください）		
	「眼を閉じなさい」		
10（1点）	「何か文章を書いてください」		
11（1点）	「次の図形を描いてください」		
		得点合計	

資料：Folstein MF. Folstein SE. McHugh PR :"Mini-Mental State": a practical method for grading the cognitive state of patients for the clinician. J. Psychiat Res 12:189-198.1975

図表3-7 ● Functional Assessment Staging（FAST）

重障度		特徴	臨床的特徴
正常	1	主観的にも客観的にも機能低下を認めない	・過去（5～10年）の出来事を覚えている
	2	発後の主観的機能低下 社会的に活動性、実行力の低下を認めない	・物の名、地名、目的を忘れる ・社会的には適応している ・注意深い観察により不安を訴えることが認められる
認知症の疑い	3	社会的場面における客観的高度機能低下	・重要な約束を忘れる ・日常生活（買い物、支払い）では障害がない
軽度	4	日常生活の複雑な場面での実行の欠如	・メニューに適した材料の買い物が困難である ・経済面での混乱やミスを生じることがある ・家庭内での生活（着替え、入浴など）には障害がない ・精神的に不安定な状態が認められる
中等度	5	日常生活における基礎的な場面での不適切な行動	・着替えを適切に行えない（介助が必要） ・入浴を忘れる ・車の運転が不安定になる ・感情障害が出現する
高度	6	着替え・入浴・排便排尿の自律機能低下 （a）服を正しく着られない （b）入浴を自立して行えない （c）排便排尿の自立の低下 （d）尿失禁 （e）便失禁	・歩行がしだいに不安定になる（小刻み、ゆっくり） ・不安、焦燥感が強い ・幻覚・妄想が出現することがある ・パジャマの上に服を重ねて着る ・くつひもが結べない ・入浴の手順が混乱する ・入浴を忘れる ・トイレで水を流さない ・ズボンを自分で上げない
きわめて高度	7	失語・歩行障害・意識障害 （a）数種の単語（最大限6語程度）しか使用しない （b）意味のある単語は一語のみとなる （c）歩行能力の喪失 （d）着座能力の喪失 （e）笑顔の喪失 （f）混迷および昏睡	・意味のない単語の羅列は可能 ・「はい」「いいえ」「わかりました」等のみ発語する ・次第に発語はなくなり、ブツブツと口の中で独り言をつぶやくのみとなる ・歩行困難となる ・歩行不能後、約1年ぐらいで座位姿勢を保てない ・泣いたり、笑ったりする表情は存在 ・表情は失われる ・眼球運動は可能 ・嚥下・咀嚼は可能 ・嚥下・咀嚼能力の欠如、経管栄養が必要 ・外部の刺激に対して発声する

資料：Reisberg B:Dement:a : a systematic approach to identifying reversible causes. Geriatries 41:30-46:1986.

2 認知症多職種ケアのポイント

(1) 顔見知りの関係を大切に

　認知症の人に限らず、高齢者は環境の変化に対して敏感です。認知症の人は特に、できるだけ住み慣れた地域の中で環境を変えずに看ていくことが望ましいのです。また、多職種で関わる際も担当者をあまり変えないで、顔見知りでなじみの関係を大切にしてください。大勢の人が入れ替わり訪問すると、認知症の人の見当識障害を悪化させて、不穏になることもあります。

(2) 地域医療で対応可能

　また、認知症の人は基本的にかかりつけ医が診ていく病気であることを理解してください。認知症であることは、その人の属性の1つに過ぎません。認知症である前に、地域で暮らす1人の生活者です。生活者としての地域との関わりをできるだけ絶たないようにしながら、今まで診ていたかかりつけ医に引き続き診てもらいましょう。激しい精神症状などがある場合には、かかりつけ医から専門医を紹介してもらうことで対応してください。

　梶原診療所（東京北区）の平原医師の調査（**図表3-8**）では、BPSDを認めるのは半数の認知症高齢者であり、31％はケアの対応や環境を変えるだけで改善して、抗精神薬が必要であったのは19％に過ぎず、入院まで必要な方は1％程度とのことです。BPSDがあったとしても、地域医療で十分に看ていける疾患です。

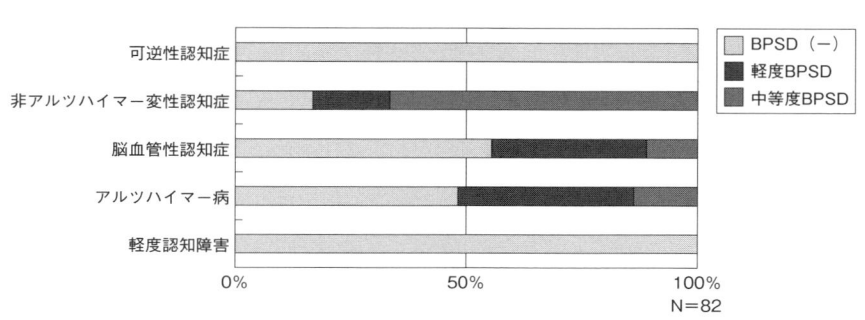

図表3-8 ● BPSDの多くは地域医療で対応可能

（グラフ：可逆性認知症、非アルツハイマー変性認知症、脳血管性認知症、アルツハイマー病、軽度認知障害。凡例：BPSD（−）、軽度BPSD、中等度BPSD。N=82）

1. 50%はBPSDを認めない
2. 31%は対応や環境を変えるだけで改善する
3. 19%に向精神薬が必要な中等度のBPSDが出現した
   （BPSDが原因で入院に至る重度は全体の1%程度）

資料：梶原診療所、平原医師

（3）多職種による生活援助

　認知症の人の生活援助にはさまざまなサービスが必要であり、医療・介護福祉の連携による多職種で看ていく必要があります。担当者会議の際には、アセスメント・ツールに基づいた認知症の程度と予後予測を行い、情報として共有しておく必要があります。軽度から中等度の認知症では、一見しただけでは認知症の程度などはわからないことが多く、見当識障害が強いのか、短期記憶障害があるのかなど、具体的な生活障害の状態を関係する多職種の人で把握し共有するとよいでしょう。

　また、在宅で暮らしている認知症の人を支援する場合には、介護をしている家族の支援も忘れないでください。多職種が協働することで家族の負担を減らして、住み慣れた地域での生活が長続きするように援助を行ってください。

3　4大認知症の解説と鑑別

　認知症で頻度が高いのは、アルツハイマー型認知症（AD）、脳血管

性認知症（VD）、レビー小体型認知症（DLB）、前頭側頭型認知症（FTD）の4疾患です。VDは脳梗塞や脳出血後に起こる認知症で、それ以外は余分なタンパクが脳細胞に蓄積することで神経細胞を破壊して起こる変性型認知症です。これら4大認知症の特徴を理解することは、認知症ケアにとって必要なことです。

図表3-9●4大認知症の鑑別

疾患	AD	VD	DLB	FTD
原因	Aβ、タウ蛋白	脳卒中	Aシヌクレイン	タウ、TDP-43、ユビキタン陽性封入体等
疫学	女性に多い	男性に多い	60歳以降、男性ADの3分の1	初老期に多い、ADの10分の1
発症	ゆるやか	比較的急	ゆるやか	ゆるやか
進展	スロープ状	階段状	進行性、動揺性	
全経過	10年（2〜20年）	基礎疾患で違う	ADより短い	ADより短い
記憶障害	初めから出現	比較的軽度	軽度・想起障害	ADに比べ軽度
運動障害	重度になるまで出現しない	平行して悪化	パーキンソン様症状、転倒が多い	失禁は早期に出現
精神症状・徴候	物盗られ妄想（軽度ADに特徴的）	意欲、意識、感情の障害	幻視・失神、意識の動揺、注意力障害、構成障害	性格変化、脱抑制、無関心、常同性、食行動異常
予防・治療	コリンエステラーゼ阻害薬、メマンチン等	抗血小板療法による予防	幻視：ドネペジル等 運動障害：PD薬	SSRI、非定型抗精神病薬
その他	感情、運動は重度まで保たれる	麻痺、構音・嚥下障害、尿失禁等	抗精神病薬への過敏性	

資料：平原佐斗司、『在宅医療テキスト 4 認知症』、p40〜43、勇美記念財団、2006年を一部改変

　ADは女性に多く、VDは男性に多く発症します。

　DLBは60歳以降に発症することが多く、男性ではADの3分の1程度の発症です。FTDは初老期に多くADの1割程度の頻度です。

　発症についてVDは脳卒中後に起こるので比較的急ですが、変性型認知症は徐々に発症してきます。病状の進展では、ADはゆるやかに進展しますが、VDは階段状に状態が悪くなっていき、DLBは進行性ですが状態が動揺しやすく、良い時と悪い時が1日のうちでも起こ

ります。発症から亡くなるまでの経過はADで10～20年、DLBやFTDはADより短い経過です。

また記憶障害は、ADでは初めから出現しますが、DLBやFTDでは初期には出現しないこともあります。ADでは運動障害は重度になるまで出現しませんが、DLBではパーキンソン様症状が出て、よく転倒します。DLBの神経細胞に現れるレビー小体はパーキンソン病でも出現します。VDでは認知機能と並行して運動障害も悪化します。FTDでは失禁が早期から出る特徴があります。

精神症状は、ADでは物盗られ妄想が軽度から出現し、DLBでは幻視が特徴的で、意識の動揺性や注意力障害、構成障害も特徴的です。FTDでは性格変化が見られ、行動に抑制がきかなくなり、反社会的な行動をとることもあります。同じ動作を繰り返す常同行動も見られ、まんじゅうを一度にたくさん食べるなどの食行動の異常も見られます。

治療薬としては、ADではアリセプト®のようなコリンエステラーゼ阻害薬やメマリー®など、VDでは抗血小板療法による予防、DLBの幻視にはアリセプト®が有効ですが、パーキンソン様症状には抗パーキンソン薬を使います。FTDではSSRIなどの抗うつ薬を使うことがあります。

4 アルツハイマー型認知症の自然経過

もっとも頻度が高いアルツハイマー型認知症（AD）について、経過に沿ったケアの要点を述べていきます。ADをよく知ることで、他の疾患との鑑別がつくようになるので、まずはADの経過をしっかりと理解することが大切です。

ADは10年程度の経過で死に至る病気です。発症後1年くらいで身近な家族が患者の異常に気づくことが多く、本人も自分の異常には気がついています。発症から約2年後に医療機関を受診することが多

図表3-10 ●アルツハイマー型認知症の自然経過

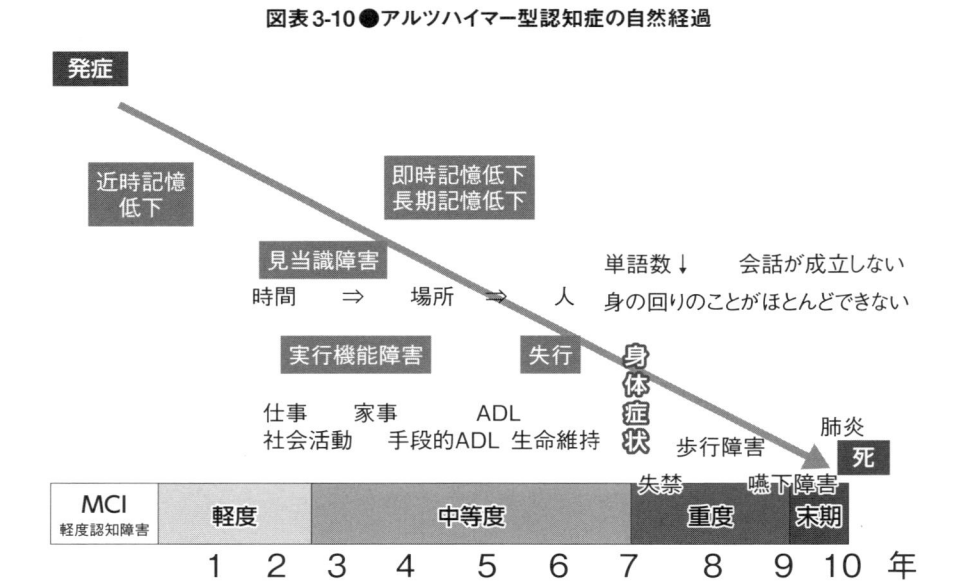

発症
近時記憶低下
即時記憶低下　長期記憶低下
見当識障害　時間 ⇒ 場所 ⇒ 人
単語数↓　会話が成立しない
身の回りのことがほとんどできない
実行機能障害　失行　身体症状
仕事　家事　ADL
社会活動　手段的ADL　生命維持
歩行障害
失禁　嚥下障害　肺炎
死

MCI 軽度認知障害	軽度	中等度	重度	末期

1　2　3　4　5　6　7　8　9　10　年

資料：東京大学高齢社会総合機構在宅医療推進総合研修プログラム認知症の基本的理解～アルツハイマー型認知症を中心に

いようです。数分から数日前の近時記憶の障害が主となる軽度の時期が2～3年続きます。その後に、BPSDが出現し、さまざまなことができなくなり、自宅での介護が大変な時期が4～5年続きます。記憶障害は、近時記憶障害の後、直前のことを忘れる即時記憶障害や長期記憶障害も加わってきます。自分が生きている時間や場所、人との関係を認識する見当識は、時間、場所、人の見当識の順に障害されます。軽度の時期から、細かい時間単位があいまいになり、中等度になると季節や年の感覚が障害されます。さらには、自分が今どこにいるのかがわからなくなり、家族など身近な人の認識もできなくなります。

　日常生活の行為は、仕事や調理など複雑な行為から障害され、次第に日々の暮らしに必要な行為、例えば買い物、掃除、着替え、入浴などが1人ではできなくなり、数年後には排泄や食事など生命維持のための行為までもが障害されていきます。発症後約7年で失禁が出現し、その後しばらくすると歩行障害が出現、最期の半年～2年は寝たきりとなります。

　重度の時期では肺炎などの感染症や転倒・骨折など内科的な急性期対応が増加、身体合併症との戦いが始まり、全身管理や身体症状の緩

和が重要になってきます。最終的には、嚥下反射が極度に低下、消失し、飲み込みができなくなり、死に至ります。

5 アルツハイマー型認知症軽度のケアの要点

(1) 近時記憶障害と見当識障害

アルツハイマー型認知症の軽度期は、近時記憶障害が主であり、身の回りのことはほとんど自立しています。即時記憶や遠隔記憶は保たれていますが、エピソード記憶などが障害されます。例えば、家族とどこかに出かけたことや、自分がデイサービスに行ったことなどを忘れることが多くなります。日時などの見当識障害が出てきますが、季節などは理解しています。

また、日常行っていることはできますが、少しでもいつもとは違うことを行うことは難しくなります。総合的な判断や危機管理ができなくなり、必要もない高価な物を騙されて購入することもあります。

物盗られ妄想が多くなるのもこの頃です。しまい忘れた財布を誰かに盗られたと騒ぎ出すことがあり、ターゲットとなるのはいつも身近にいて世話をしている嫁や介護職員が多いのも特徴です。また、本人は自分がいろいろなことをできなくなっている自覚があり、不安や混乱など魂の痛みを感じることもあります。

(2) 将来のことを考える

この時期の対応としては、家族へ予後も含めて予測される経過を丁寧に説明することが必要です。また、安全の確保も必要であり、特に悪徳セールスや火の始末などに注意をします。本人の魂の痛みに対する心のケアや、家族への支援も必要です。この時期に、末期になると嚥下困難になるなど、将来を考える機会をつくることも大切です。胃ろうをつくるかどうかなどの、延命処置の希望などを家族で話し合う

ことも必要です。できれば事前指示などは文書化しておくとよいでしょう。任意後見制度の利用を進めていくのもこの頃です。

図表3-11●軽度の時期の症状とケアの要点

○近時記憶の障害が中心で、身の回りのほとんどが自立している

主な症状と生活上の問題点	ケアの要点
・近時記憶の障害 　・一部は記憶に残る 　・即時記憶と遠隔記憶が保持 ・細かい時間の見当識障害 ・非日常的なことに対応する能力の低下 ・総合的判断や危機管理 ・不安や混乱、魂の痛み ・物盗られ妄想	・教育 　・家族への教育的支援 ・安全の確保 　・火、薬、セールス、合併症 ・心のケア 　・尊厳、継続的相談、ピアグループ、カウンセリング ・家族支援 　・家族の相談、介護者の会 ・将来を考える機会 　・生き方の理解、事前指定、任意後見制度

6 アルツハイマー型認知症 中等度のケアの要点

(1) BPSDと記憶障害の進行

　中等度の時期になると認知障害が進行をして、生活に多くの援助が必要になります。また、激しいBPSDが起こる可能性があり、介護の負担が増える時期です。この時期は、認知症介護がもっとも大変な時期と言えるかもしれません。家庭での介護ができなくなり、施設に入所する人も増えてきます。

　家族関係は長い歴史があり、他人にはうかがい知れない部分もあります。家庭で看ていくことが一番よい選択とは必ずしも言えません。経済的な問題もありますが、地域にある認知症高齢者グループホームや小規模多機能型居宅介護を積極的に利用することも考えてください。

　記憶障害は短期記憶だけでなく、直前のことを忘れる即時記憶障害

や、昔の記憶である遠隔記憶障害も起きてきます。見当識障害が進行して、自分のいる場所や家族の顔もわからなくなってきます。生活行為も複雑な行為からだんだんできなくなり、最終的には身の回りのほとんどの行為に援助が必要となります。BPSDがもっとも頻発するのもこの頃で、一人暮らしが困難になります。

(2) 介護負担を軽減する

以上のような観点から、生活を多職種協働で援助していく必要があります。一人暮らしなどの場合には、療養の場を考えなければなりません。家族への支援も継続をして、今後の予後予測を説明したり、不安を取り除くために相談を繰り返したりすることが必要です。デイサービスなどの利用は、24時間介護をしている家族のストレスを軽減するのに有用です。

また、肺炎や尿路感染症など、さまざまな合併症を予防していくことも必要です。

何もやらせないのではなく、できることを見つけて、役割を持たせることでBPSDの悪化を予防してください。

図表3-12●中等度の時期の症状とケアの要点

○認知障害が進行し、生活の多くに援助が必要となる
○BPSDが激しくなり、介護負担が急増する時期

主な症状と生活上の問題点	ケアの要点
・記憶障害の進行 　・即時記憶、遠隔記憶も障害 ・見当識障害の進行⇒混乱 ・生活行為が複雑な行為からできなくなり、最終的にほとんどに援助が必要 ・行動心理徴候が頻発 ・一人暮らし困難 ・身体合併症 ・介護の山場	・生活のコーディネート ・療養の場の決定 　・ケア付き住まい ・家族支援の継続支援 　・相談（今後の予測、不安）、体調管理、ストレス軽減 ・行動心理徴候の対応 ・合併症予防、突然死の防止 ・心のケア役割、自立支援

7 アルツハイマー型認知症重度のケアの要点

（1）精神的介護から身体的介護へ

　重度の時期になると意味のある会話ができなくなり、身体能力も低下して歩行ができなくなり、次第に寝たきりになります。単純な行為もできなくなり、生活全般に援助が必要になる一方、BPSDは少なくなり、精神的介護から身体的介護に移行します。

　苦痛や身体の変化を伝えられず、感染症などの身体合併症が頻発します。トイレでの排泄もできなくなるのでおむつが必要となり、歩行障害から座位もとれなくなり、嚥下障害が起きてきて最終的には経口摂取ができなくなります。

（2）延命治療の意思決定支援

　ケアの要点としては、通所介護から訪問介護、診療も外来通院から訪問診療に変えていく必要があります。誤嚥性肺炎を頻回に起こすようになり、転倒の危険も高くなります。

　この時期になると身体的な介護が主になりBPSDが少なくなるの

図表3-13●重度の時期の症状とケアの要点

〇意味のある会話はできなくなる
〇身体合併症が頻発する

主な症状と生活上の問題点	ケアの要点
・単純な行為もできず、生活のすべてに介助が必要 ・意味のあるコミュニケーションが成立しない ・BPSDは少なくなり、精神的介護から身体的介護に移行 ・苦痛や身体の変化が伝えらえれない ・排泄（尿、便失禁）⇒歩行障害⇒嚥下障害の順に身体症状が出現 ・感染症など身体合併症が頻発する ・嚥下反射が消失し、経口摂取ができなくなる（末期と診断）	・**ケア形態変更**……通所→訪問 ・**診療形態変更**……外来→訪問 ・**合併症管理**……感染症、転倒など ・**意思決定支援** 　・療養の場、緩和ケア中心、延命治療の方針、家族の心のケア ・**苦痛評価、症状緩和** 　・呼吸苦、嚥下障害、褥瘡、発熱等 ・**延命治療の選択** 　・経管栄養、点滴

で、施設から再度自宅に戻るケースも稀ではありません。

　嚥下障害が徐々に悪化してくるので、延命治療の意思決定を支援していく必要が出てきます。特に、経口摂取ができなくなったときに、胃ろうをつくるかどうかを決めておきたいところです。

　専門職としては、自分の意見を押し付けるのではなく、これまでの経過や今後起こり得ること、本人の状態などを説明して、家族の意思決定の援助とすべきです。

8　BPSD対応のポイント

(1) BPSDの原因

　かつては問題行動と呼ばれていたこともありますが、認知症の人にとっては切実な思いの表れであり、周囲の人の価値観で問題があるとしているだけなので、最近はBPSD（行動心理徴候）と呼ばれるようになりました。

　BPSDを起こす原因は、認知症のためいろいろなことがわからなくなっていく不安や、自分ができなくなっていくことに対する周囲の対応が適切でないこと、便秘や発熱などの身体合併症などによって起こります。薬物の副作用などでも起こることがあるので、飲んでいる薬は市販薬を含めて常に把握しておく必要があります（**図表3-14**）。

図表3-14 ● BPSD悪化の原因となる薬剤

薬剤分類	薬剤名
神経系作用薬	抗パーキンソン病薬、抗コリン薬、抗不薬・睡眠薬（ベンゾジアゼピン系）、抗うつ薬、抗精神病薬
循環器薬	ジキタリス、β遮断薬、利尿剤
消化器用薬	H2遮断薬
頻尿治療薬	抗コリン薬
抗ガン剤	
ホルモン薬	ステロイド剤
感冒薬	市販薬でも起こることがある

BPSDを治療する抗精神薬は、副作用が強いだけでなく、かえって症状を悪化させることもあるので与薬は慎重に行います。

(2) 多職種の連携で支援する

認知症の人に見られるBPSDは、時として在宅や施設での介護を困難にします。その対応は、家族を含めた多職種による連携で行う必要があり、医療だけでは対応不能ですし、介護だけでもできません。

BPSDの悪化要因は、先ほど述べたように医療に関連することが6割を占めているので、医師による診察で身体合併症を診てもらう必要があります（**図表3-15**）。

図表3-15 ● BPSDの悪化要因

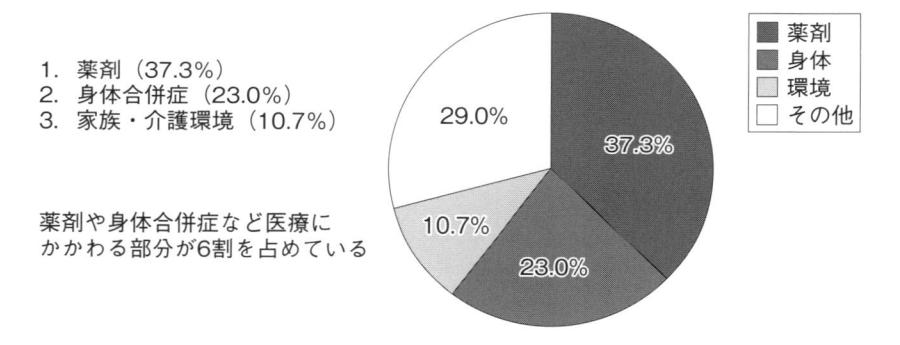

1. 薬剤（37.3％）
2. 身体合併症（23.0％）
3. 家族・介護環境（10.7％）

薬剤や身体合併症など医療にかかわる部分が6割を占めている

- 薬剤：37.3％
- 身体：23.0％
- 環境：10.7％
- その他：29.0％

資料：平成19年度厚生労働省老人保健推進事業費補助事業、認知症の「周辺症状」（BPSD）に対する医療と介護の実態調査とBPSDに対するチームアプローチ研修事業の指針策定調査報告、財団法人ぼけ予防協会

(3) カンファレンスによる相互理解

また、多職種によるカンファレンスを通じて、その人の思いや願いの相互理解を図り、ケアプランに反映していく必要があります。そのためには、利用者の生活歴、家族歴、職業歴、趣味、普段の生活の様子などの情報を集めて共有しておかなくてはなりません。もちろん、可能であれば利用者本人の言葉で、してほしいことや、してほしくないことを語ってもらう必要があります。

カンファレンスを開くこと自体が、利用者や家族にとってケアの一

環になることもあるのです。

（4）BPSDの悪化を防止するには

　また、手続き記憶などは残っているので、自分でできることはなるべくやってもらい、介護側が教えてもらうという態度をとることで、利用者の自信を回復させて、BPSDの悪化防止に役立ちます。徘徊する利用者に腕章をつけて防犯パトロールをしたら、徘徊が止まっただけでなく地域の防犯の役に立ったという三重県桑名市のグループホームでの事例もあります。

事例 ◆ BPSD対応のカンファレンス

●N.Iさん　（86歳、女性）

【病名】
　アルツハイマー型認知症

【経過】
　夫婦で二人住まいでしたが、夫が亡くなったのを機会に娘の家族と同居を決めました。それまでも、物忘れがありましたが、環境の変化を機会として認知機能の悪化とともに、物盗られ妄想も出てきました。攻撃対象はいつも娘でした。さらに、昼夜逆転や徘徊も出てきて、娘の介護は限界に近づきました。かかりつけ医に相談したことをきっかけに、担当者会議を開くことになりました。

【参加者】
　かかりつけ医、ケアマネジャー、デイサービス責任者、ヘルパーステーション所長、利用者の家族

【背景】
　まず、かかりつけ医の立場から現在の病状はアルツハイマー型認知症の初期であり、BPSDは環境の変化から起こっている可能性が高いとの説明がありました。さらに、家族の方から現在の状況について話がありました。夜間寝ないで一晩中独り言を話してい

るだけでなく、外に出て行こうとするので部屋にカギをかけて閉じ込めているとのことでした。

【課題】
　ここで、ケアマネジャーが現在の課題を整理しました。
①物盗られ妄想などの対応
②夜間不眠への対応
③徘徊への対応
④家族の負担軽減

　再度、医師より生活のリズムをつくることを考えてほしいとの話がありました。ヘルパーステーションからは、デイサービスのない午前中に援助に入り、なじみの関係をつくるために同じ介護職員が援助に入るようにしてはどうかとの提案がありました。デイサービスからは、新規に利用することになるので、週2回から始めて少しずつ慣れてもらい、生活のリズムづくりに役立てたいとの提案でした。

　家族からは夜間寝ないことへの対応を強く求められました。医師から、なるべく日中寝ないようにして、午前中、介護職員に早い時間に入ってもらい、その時間までに身支度をしていること、デイサービスに何とか参加すること、デイサービスのない日は日中に散歩をしてはどうかとの提案がありました。また、どうしても寝られないときのために、睡眠薬を出しておくことになりました。

　ケアマネジャーから、現在は要支援2であり、介護度を上げなければ全部のサービスは使えないとの話があり、すぐに変更申請を出すことになりました。また、訪問診療の導入をしてはどうかとの意見が出ましたが、医師からは身体能力は十分にあり、外出の機会を減らさないためにも、外来通院を続けたほうがよいとのアドバイスがありました。また、閉じ込められるとせん妄を悪化させるので、部屋のカギはなるべくかけないようにしてくださいと、医師から家族に話がありました。

【その後の経過】
　担当者会議翌日から、介護職員が援助に入り、1週間後から週2回のデイサービスが始まりました。当初は「なぜ、介護職員がくるのか」「デイサービスに行くのはいやだ」と拒否をしていましたが、徐々になじみの信頼関係ができあがり、1か月ほどで夜間も睡眠薬を使わなくても寝られるようになり、家族の負担軽減につながりました。
　BPSDへの対応は多職種で情報の共有をして、カンファレンスで話し合うことが必要です。

4 終末期ケア

1 終末期ケアとは

　医療モデルが主流の時代は、命を救うことが医療職の使命であり、患者の「死」は医療の敗北を意味していました。また、介護・福祉職は「死」を医療にまかせきりにして、直接関わることはほとんどありませんでした。しかし、生活モデルが主流となり、医療機関だけでなく在宅や介護施設での「死」が増えてきている現在では、看取りは医療職のみならず、介護・福祉職にとっても重要な仕事となってきました。

　死亡者数は今後2040年まで増加をしていき、ピーク時には年間約170万人となると予想されています。これだけの人々の看取りを医療機関で行うことは物理的にも無理であり、介護力が不足して独居や老老介護が増えている自宅だけでも賄いきれません。このような事情から、介護老人福祉施設や特定施設あるいは認知症高齢者グループホームなどでの看取りが増えていくことは間違いありません。国も施設での看取りを推進する方向で、介護報酬の加算を行っています。

　現在、悪性新生物での死亡は約3割ですから、がん以外の死亡が多いことも事実です。看取りに関しては、がんに対する緩和ケアだけでなく、がん以外の人の看取りに対する知識も必要です。本節では、がんとそれ以外に分けて、介護・福祉職が看取るために必要な知識と医療との連携ポイントを解説します。

（1）在宅での末期の悪性新生物の患者に対する診療報酬

・在宅がん医療総合診療料

　通院が困難な末期の悪性新生物患者に対して、計画的な医学管理のもとに総合的な医療を提供した場合に算定できます。

　算定するには訪問看護との連携が条件となり、訪問診療と訪問看護を合わせて週4回以上の訪問が必要です。

（2）特別養護老人ホーム入居者で、末期の悪性新生物の患者に対する診療報酬

　特別養護老人ホームにおいて、通常は算定の対象となりませんが、末期の悪性新生物である場合に算定対象となる診療報酬等は、以下の通りです。

・（同一建物居住者）在宅患者訪問看護・指導料
・訪問看護指示料
・介護職員喀痰吸引等指示料
・在宅患者緊急訪問薬剤管理指導料
・在宅患者緊急時等共同指導料
・在宅患者緊急時等カンファレンス料
・精神科訪問看護・指導料
・精神科訪問看護指示料
・訪問看護療養費

　末期の悪性新生物である場合と、看取った場合（在宅療養支援診療所、在宅療養支援病院または当該特別養護老人ホームの協力医療機関の医師により、死亡日から遡って30日間に行われたもの）に、算定が可能な診療報酬等は、以下の通りです。

・在宅患者訪問診療料
・特定施設入居時等医学総合管理料

2 終末期における緩和ケアの基本的な考え方

(1)「死」が日常生活から遠ざけられる

　人は生まれた以上、いつかは死んでいきます。そして、それは避けて通れない事実です。60年前までは自宅で亡くなる人が8割以上を占めており、「死」は日常的な風景の中にありました。家には高齢者がいて、看取りもごく自然に日常生活の一部として行われており、「死」に対する恐怖感もあまりなかったと思います。

　病院で8割以上の人が亡くなるようになった現在では、「死」は日常生活から遠ざけられており、死にゆく人を看る機会は少なくなりました。そのために、「死」は非日常的な出来事となり、未知のものとして必要以上に恐れることが多く、介護・福祉職でも同様の傾向にあります。

　がんによる死亡にしろ、がん以外の死亡にしろ、看取りの際に苦しみを感じるのは同様であり、死にゆく人すべてに緩和ケアは行われるべきです。また、死にゆく際に感じるのは肉体的な痛みだけではなく、精神的な痛み、社会的な痛み、宗教的な痛みなど多様です。多職種の連携で緩和ケアは提供されなければなりません。肉体的な痛みを取り除くだけでは不十分なのです。

(2) 亡くなるまでの時間をどう過ごすか

　亡くなる場所についても、必ずしも自宅がよいというわけではありません。どうしても医師がそばにいないと不安で仕方がない人もいれば、住み慣れた自宅がよいという人もいます。ですから、在宅にこだわる必要はまったくありません。死ぬ間際に意識がもうろうとしている中で死ぬために自宅に戻るケースもありますが、あまり意味のあることとは思えません。どこで亡くなるのかが大事なのではなく、亡くなるまでの残された時間をどのように豊かに過ごしていくのかが大切なのです。結果ではなくプロセスが大切だということをしっかりと認

識しておいてください。

　在宅や介護施設で看取るための条件付けをする人がいますが、唯一の条件は本人や家族の意志だけです。その他の課題は医療・福祉連携で解決していくべきでしょう。

（3）延命治療について

　また最近、「高齢者の終末期の医療およびケア」に関する日本老年医学会の「立場表明2012」が出されました。この中で注目すべき点は、「本人の尊厳を損なったり苦痛を増大させたりする可能性があるときには、治療の差し控えや治療からの撤退も選択肢として考慮する必要がある」と胃ろうなどの延命治療の中止について言及されていることです。

　いずれにしても、終末期の緩和ケアのあり方としては、利用者を苦しめる症状の緩和を、家族も含めた多職種からなる医療・介護福祉連携で行っていくべきだということです。

3　がん死亡の特徴

　がん死亡の特徴は、介護を要する期間が短いということです。亡くなる直前まで歩けたり食事がとれますし、話すことも可能なことが多いです。このことは、がんでの看取りが比較的行いやすいことを意味しています。

　いらはら診療所（千葉県松戸市）でがんを原因として看取った人のデータでは、亡くなる前日まで会話可能な人が半数以上いました（**図表3-16**）。脳に転移がある人や別の疾患があり意識レベルがもともと低い人を除いては、亡くなる1週間前までは9割近くの人が意識声明で会話が可能です。トイレの自立や歩行も半数近くの人が亡くなる1週間前まで可能です（**図表3-17、3-18**）。

　がんの痛みに関しても、年齢が高齢になるほど痛みを感じなくなり麻薬の使用量は少なくなります。90歳以上では麻薬を使う人は3割

強でした(**図表3-19**)。がんを患って自宅で看取りができない多くの理由は、痛みのコントロールができないなどの医学的な理由ではなく、介護力がないために自宅介護を断念することが多いのです。

　訪問診療をする医師も、がん患者のほうが、がん以外の疾患患者よりも看取りがしやすいと言います。それは、がん以外の疾患では末期であるとの診断が困難であり、治療でよくなることも多く、亡くなることを前提としているがん患者のほうが看取りやすいということです。日本人の2人に1人はがんにかかり、3人に1人はがんで亡くなる時代です。がんもありふれた病気になっているのです。

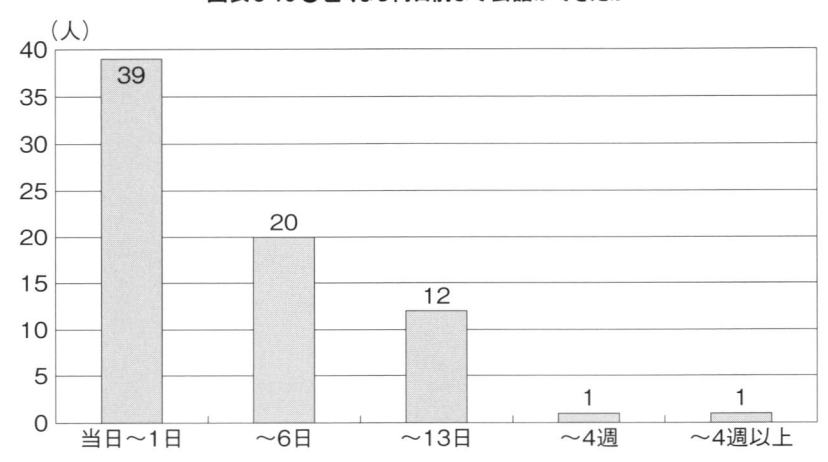

図表3-16●亡くなる何日前まで会話ができたか

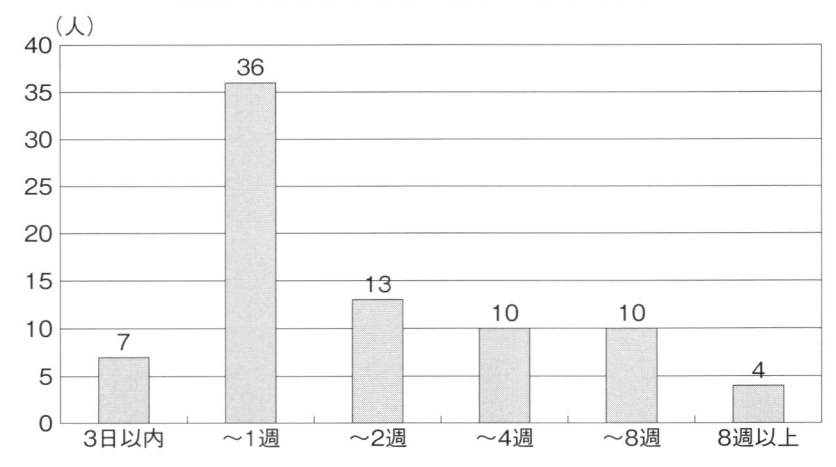

当日〜1日	〜6日	〜13日	〜4週	〜4週以上
39	20	12	1	1

(人)

図表3-17●亡くなる何日前までトイレの自立ができたか

3日以内	〜1週	〜2週	〜4週	〜8週	8週以上
7	36	13	10	10	4

(人)

図表3-18 ● 亡くなる何日前まで歩行ができたか

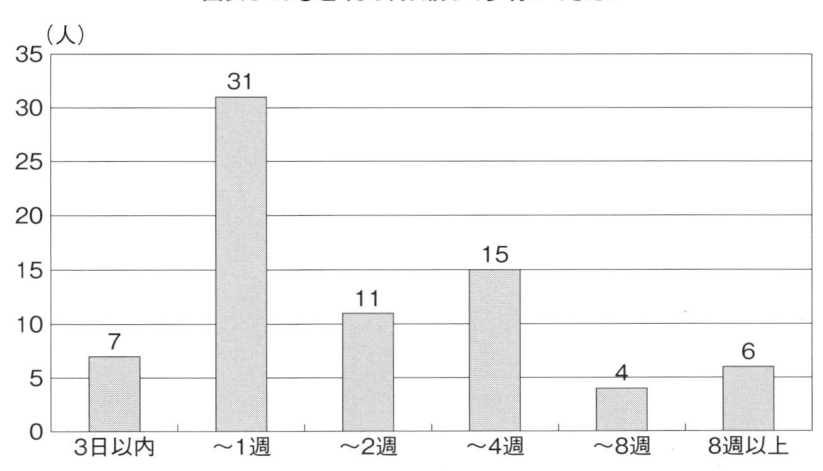

(人)
- 3日以内: 7
- ～1週: 31
- ～2週: 11
- ～4週: 15
- ～8週: 4
- 8週以上: 6

図表3-19 ● 年齢階級別麻薬使用率

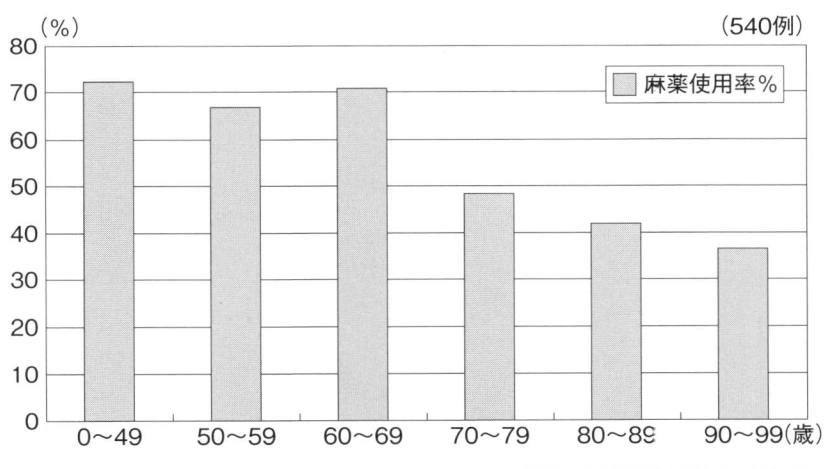

(540例)

麻薬使用率％
- 0～49: 72
- 50～59: 67
- 60～69: 71
- 70～79: 48
- 80～89: 42
- 90～99(歳): 37

資料：在宅医療臨床研究会、2004年

4 非がんの看取り

　緩和ケアの考え方は、がん以外にも死にゆく人すべてに適用すべきです。肺炎であれ認知症であれ、亡くなる直前には何らかの苦しみを感じる人は少なくないので、少しでもその苦しみを取り除く努力を多職種協働で行わなければなりません。

　在宅医学臨床研究会による在宅で亡くなった人の多施設共同研究の

報告では、がん以外の疾患で死亡1週間前に緩和すべき症状がある例は68％に認められました（**図表3-20**）。その症状は呼吸器疾患や神経難病で多く、老衰や認知症で少ない傾向が見られました。症状がなかったのは19％であり、残りの13％は不明あるいはカルテ上の記載がなかった例です。

緩和すべき症状としては、1位が呼吸困難で46％、2位が食思不振で13％、3位が嚥下障害で12％でした。その他、喀痰や疼痛、褥瘡などの症状がありました（**図表3-21**）。

このようにがん以外の疾患でも亡くなる直前には緩和すべき症状があることを認識してください。しかも、死亡者の3分の2はがん以外の疾患であり、がん以外の人のほうがいまだ多いことも事実です。がんであろうがなかろうが、残り少ない時間を豊かに過ごしてもらうために多職種で何ができるのかを、ケースごとに検討することが必要です。

図表3-20●終末期に緩和すべき症状〜主治医による評価〜

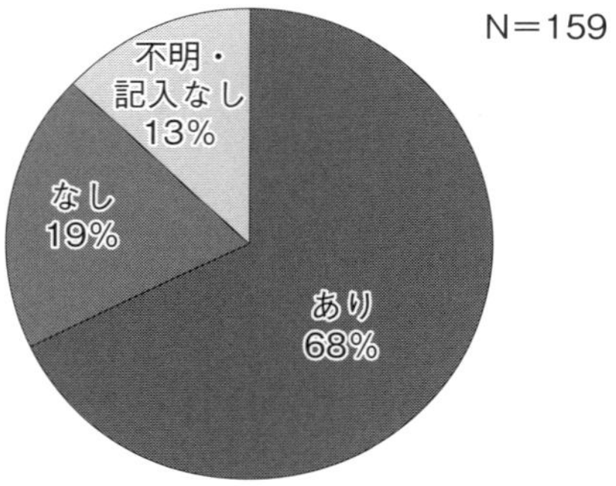

N＝159

- あり 68％
- なし 19％
- 不明・記入なし 13％

資料：在宅医療臨床研究会、勇美記念財団助成研究、主任研究者平原佐斗司、2007年

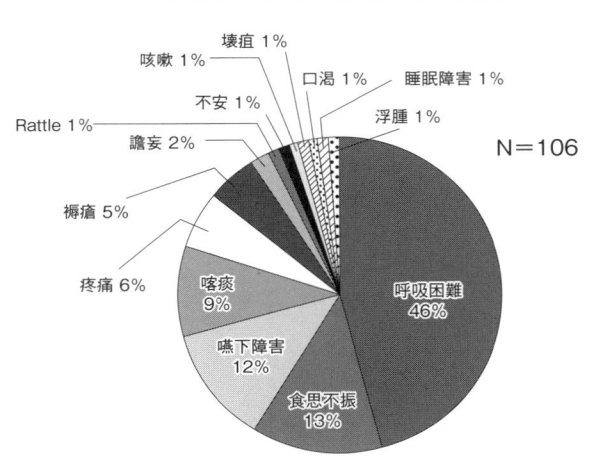

図表3-21 ●終末期に緩和すべき症状

咳嗽 1%　壊疽 1%
不安 1%　口渇 1%　睡眠障害 1%
Rattle 1%　浮腫 1%
譫妄 2%
褥瘡 5%
疼痛 6%
喀痰 9%
嚥下障害 12%
食思不振 13%
呼吸困難 46%
N＝106

資料：在宅医療臨床研究会、勇美記念財団助成研究、主任研究者平原佐斗司、2007年

5　家族の意思決定支援

（1）延命治療の意思決定

　がんにしろ、がん以外の疾患にしろ、終末期に食べられなくなったり、呼吸が苦しくなった場合に、呼吸器装着などの延命治療をするかどうかの意思決定を行う必要があります。

　助かる見込みの少ない人に、医療者の意思で延命処置をすることはできません。本人の意思が優先することは間違いありませんが、本人が意思表示できないことも多く、その際には家族に意思決定をしてもらわなくてはなりません。

　家族の意思決定を支援するための標準的な方法について解説します。

（2）延命治療のプロセス

　まず、意思決定に参加する人を決定します。直接介護に関わっていない遠方の息子、娘なども含めて、なるべく家族全員に参加してもらいます。次に、医療者や介護を担当した専門職から、どのような経過で今の状態に至ったか、そして病状や介護状況の経過を説明します。

その後、今後の経過見込みについて説明します。アルツハイマー型認知症の末期などでは、嚥下反射がなくなって、飲み込みができなくなり、誤嚥性肺炎を繰り返すなどの予後予測をします。そして、その人のQOLと尊厳について代弁します。アルツハイマー型認知症の場合であれば、未来という感覚がなく今を生きており、長生きしたいという感覚もないことなどです。また、頭の中では痛みは感じていることも説明します。

さらには、これまでの家族との生活のエピソードなどから、本人の望みについて話し合います。最後にデータと経験に基づく指針を話します。例えば、アルツハイマー型認知症で食べられなくなって、胃ろうを増設しても長く生きられるという根拠はないなどの話です。

このようなプロセスを踏んで、多職種協働により家族の意思決定を

図表3-22●終末期ケアについての話し合い

意思決定する人を決める
直接介護に関わっていない遠方の家族を含めて全員

↓

利用者のこれまでの経過を説明	
発症から今日までの経過	どのように介護され治療されてきたか

↓

今後の見込みを伝える	
痛みは軽減可能である	嚥下障害の可能性

↓

利用者のQOLと尊厳について代弁
医療や命にかかわるエピソードから利用者の推定意思を話し合う

↓

データーに基づいたガイダンスを与える
延命治療についてのエビデンスを話す「私だったら…」

支援していきます。さまざまな場面で意思決定は必要になります。本人による事前指示などの方法もありますが、十分に普及しているとは言い難いです。

　また、1度決めたことがすべてではなく、気持ちが変わる場合もあるので、揺れ動く家族の気持ちを考えて、気持ちが変わったらいつでも話してくださいと付け加えることも必要です。

確認問題

問題1 以下の選択肢のうち、正しいものを2つ選びなさい。

①カンファレンスは多職種連携を進めるうえで大切であり、充分に長時間をかけて行わなければならない。

②カンファレンスでは、医療職は専門用語を多用して、患者の病状をできるだけ詳しく説明するべきである。

③退院前カンファレンスは、医療モデルから生活モデルへの転換をするために重要であり、利用者が入院している医療機関で行われることが多い。

④入院中の患者について、入院医療機関の医師または看護師と退院後の利用者の在宅療養を担う医師または看護師で、入院をしている医療機関において共同で退院後の療養上必要な説明や指導を行った場合には、在宅療養を担う在宅支援診療所は600点の算定ができる。

⑤入院医療機関のソーシャルワーカー等が、入院7日以内に退院困難な患者に対し、退院に向けての問題の抽出と解決のため、関係職種への調整等を行い、患者が退院した場合に、退院調整加算が入院医療機関で算定できる。

確認問題

解答1　③　⑤

解説1

① ×：多忙な専門職が参加するカンファレンスは短時間に効率よく行う必要がある。

② ×：多職種が行うカンファレンスでは専門用語をなるべく使わずに、わかりやすい用語で行うべきである。

③ ○：設問の通り。退院前カンファレンスは、退院後の生活モデルを構築するために重要なものである。

④ ×：退院時共同指導料1のことである。在宅支援診療所では1,000点、それ以外の医療機関の場合は600点算定可能である。

⑤ ○：設問の通り。退院が14日以内の期間で340点、15日以上30日以内で150点、31日以上では50点算定できる。

第4章
医療保険と介護保険

1 医療保険と介護保険の基本理解の重要性
2 医療保険
3 介護保険
4 在宅における医療保険と介護保険の区分け
5 医療と介護の連携を進める報酬

1 医療保険と介護保険の基本理解の重要性

　わが国では、超高齢化社会を迎え高齢者を支えるためには地域における医療・介護のチームケア、包括的ケアが必要なことは言うまでもありません。

　そんな中、国も医療・介護の連携、チームケアを報酬の面で推し進めています。2012（平成24）年の診療報酬・介護報酬の同時改定では、「医療ニーズの高い高齢者に対し、医療・介護を切れ目なく提供するという視点から、医療と介護の役割分担を明確にし、連携を強化することが必要である」と、さまざまな報酬上での工夫が組み込まれました。

　しかし、高齢になり医療と介護の両方の保険制度の必要性が高まったとしても高齢者だけでは、2つの制度をうまく一体的に使いこなすのは難しいでしょう。そこで、我々のような医療・介護のサービスを提供する側が公的保険制度について正しい知識を得、医療と介護を上手に連動的、一体的なサービスの提供へとつなげてゆくことが必要となります。

　ここでは医療保険、介護保険の基本的な理解と連携における評価（報酬）を整理します。

2 医療保険

1 医療保険とは

　医療保険とは、病気やけがをしたときに、誰でも容易に医療機関で医師の診療を受けることができる保障であり、日本ではすべての人がいずれかの医療保険制度に加入する「国民皆保険制度」の仕組みができあがっています。国民全員（被保険者）が何らかの医療保険に加入し、医療保険を運営する団体（保険者）へ保険料を支払い、それが主な財源となり医療保障が行われています。

2 医療保険制度の種類

　医療保険の種類は、雇われている人（被用者）が加入する「被用者保険」と、自営者、退職者、無職者等の人が加入する「国民健康保険」に大きく分けられます。

（1）被用者保険
　被用者保険は、5人以上の従業員のいる中小企業を対象とした「政府管掌健康保険」、700人以上の大企業の「組合管掌健康保険」、国家公務員、地方公務員、私立学校の教員を対象とした「共済組合」、船員を対象とした「船員組合」があります。保険料はその人の所得に応じて決められ、会社と被用者との折半になります。

(2) 国民健康保険

国民健康保険は、各市区町村が保険者となり運営する「国民健康保険」と、同種の事業または業務に従事する者を組合員として運営されている「国民健康保険組合」、そして被用者保険に加入していて退職し対象からはずれた者が後期高齢者医療制度の対象になるまでの間を対象とした「退職者医療制度」があります。保険料は一律ではなく、加入者の所得に応じて各市町村で決められます。

(3) 前期高齢者医療制度と後期高齢者医療制度

この他、65～74歳の人を対象とした、被用者保険と国民健康保険間の医療費負担を調整するための前期高齢者医療制度があります。

また、75歳になると、それまで加入していた「被用者保険」や「国民健康保険」から脱退し、「後期高齢者医療制度」に加入することとなります。

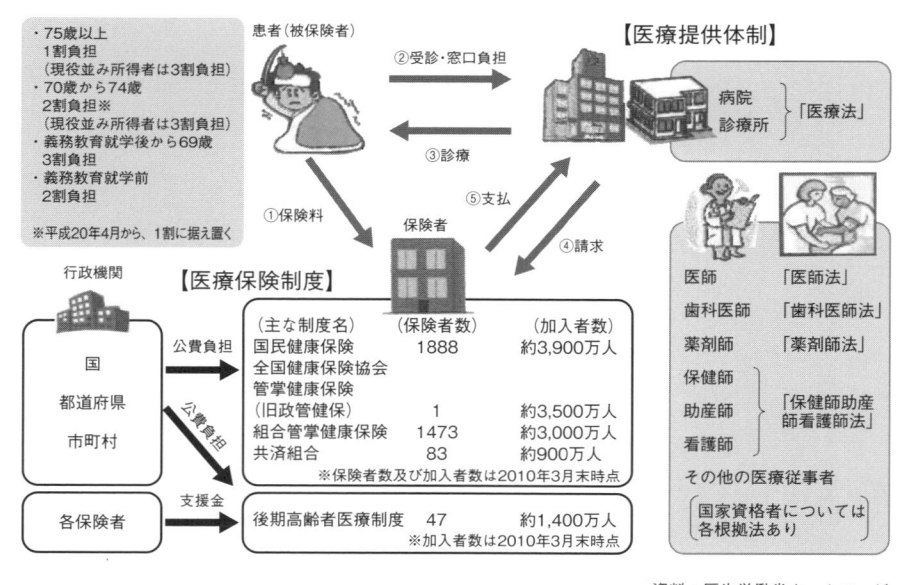

図表4-1 ● わが国の医療制度の概要

資料：厚生労働省ホームページ

3 日本の医療制度の特徴

日本の医療制度には、すぐれた3つの特徴があります。

(1) 国民皆保険制度

日本の国民皆保険制度は、原則として国民全員に公的な医療保険に加入することを義務づけたものです。そのもとをたどれば、1922 (大正11) 年にドイツの保険法をお手本に健康保険法を制定したのが最初です。1930年代の第二次世界大戦中に、国民全員を対象とする制度導入が求められて国民健康保険法が成立し、戦後の1961 (昭和36) 年、新国民健康保険法 (1958 [昭和33] 年成立) のもと、国民皆保険制度がスタートしました。

この制度によりすべての人が何らかの医療保険制度を使い、病気やけがをした場合に、その経済的な負担を軽減し、「いつでも」「だれでも」「どこでも」安心して治療が受けられるようになっています。

(2) フリーアクセス

わが国では、医療を受けたいと望む者は、健康保険証を提示することにより、特別な制限を受けることなく、どこの医療機関でも自分がかかりたい医療機関を自由に選択することができるフリーアクセスの原則があります。皆保険とフリーアクセスの保証によって、国民はいつでも、どの医療機関でも安価に医療を受けることができます。

しかしこの仕組みにも欠点があり、医師法では医師は患者の診療を拒否できないと定めているために、例えば症状の軽い風邪のような病気でも患者が設備の整った大病院で診療を受けたいと思った場合には、その医療機関は診療を拒否できずに治療を受けることができます。そのため、症状に応じた医療機関の選択が不適切で、救急病院や大病院などに患者が集中してしまい、医療資源の適正な活用がされていないことになります。

(3) 現物給付

患者に医療サービスそのものを給付する制度が、「現物給付」です。一部負担金の問題はありますが、だれもが自分の希望する医療機関で医療を受けることができるのです。医療保険制度では、保険者は患者に対してかかった費用を支払うのではなく、医療機関が患者に提供したサービスの対価をレセプトという請求書でまとめて、診療報酬という形で保険者から医療機関に支払うことになります。

図表4-2●わが国の国民皆保険制度

●わが国は、世界最長の平均寿命や高い保健医療水準を実現

	昭和58年 旧老人保健制度制定	平成20年	(参考)
平均寿命 男性 女性	約74歳 約80歳	約79歳 約86歳	米国 男性 約75歳 　　 女性 約80歳 英国 男性 約77歳 　　 女性 約81歳
100歳以上 75歳以上	1,354人 約400万人	約4.1万人 約1300万人	

		日本	米国	英国
健康寿命 ※寝たきりなどにならず、日常生活を自立して元気に過ごせる期間（WHO）	男性 女性	72.3歳 77.7歳	67.2歳 71.3歳	69.1歳 72.1歳

→ これを支えてきたのが国民皆保険制度です。

・英国では、病院にかかるには登録家庭医の診察の紹介が必要

資料：厚生労働省ホームページ

4 医療保険の給付

医療保険では、被保険者とその家族（被扶養者）が仕事以外のことで病気にかかったり、けがをしたり、出産をした場合、および死亡した場合に保険給付を受けられます。

保険給付を行う方法には、病気やけがをした場合に、これを治すために医療そのものを給付する方法と、治療にかかった費用を給付する方法との2つがあります。医療を給付する方法を現物給付、現金を給付する方法を現金給付と呼びます。

保険給付の内容は以下の通りです。

（1）療養の給付（現物給付）

病気やけがなどで必要な療養を現物給付します。
- 診察、薬剤または治療材料……医療機関で行う医師による診察と、薬剤が処方されたときの薬、治療材料の一部です。内容によっては給付されないものもあります。
- 在宅における療養上の管理、その療養に伴う世話……医師が必要と認めれば、在宅自己注射などの在宅療養の管理を受けることができます。
- 病院・診療所への入院、その療養のための世話、その他の看護……医師が必要と認めれば、入院医療と看護を受けることができます。

（2）訪問看護療養費（現物給付）

居宅で療養している人が、かかりつけ医の診察を受け、訪問看護指示書に基づいて訪問看護ステーションの訪問看護師から療養上の看護や必要な診療の補助を受ける場合、訪問看護療養費が実際の医療サービスとして現物給付されます。

（3）入院時食事療養費（現物給付）

入院したときは食費の一部を被保険者・被扶養者とも1食あたり260円（住民税非課税者は入院日数などに応じて210円、160円、100円）を自己負担し、残りは保険から入院時食事療養費（家族は家族療養費）として現物給付されます。

65歳以上の高齢者が療養病床に入院する場合は、食費として1食あたり460円（病院によっては420円、また低所得者は所得によって210円、130円）の他、居住費として1日あたり320円を自己負担します。

（4）高額療養費（現金給付）

　重い病気などで病院等に長期入院したり、高度な手術を受けたりして1か月の医療費の自己負担額が高額になった場合、一定の金額（自己負担限度額）を超えた部分が「高額療養費」として支給されます。

　なお与薬は院外処方の薬剤料も対象となりますが、入院時の食事療養に要する標準負担額や差額ベッドは対象外です。

　自己負担限度額は上位所得者（標準報酬月額53万円以上）と一般（標準報酬月額53万円未満）および低所得者（市町村民税非課税）に区分されています。

●70歳未満の者

（上位所得者）150,000円＋（医療費－500,000）×1％　［83,400円］
（一般）　　　　80,100円＋（医療費－267,000）×1％　［44,400円］
（低所得者）　　35,400円　　　　　　　　　　　　　　　　［24,600円］

　　　　　　　　　　　　　［カッコ内の額は、4か月目以降の多数該当］

●70歳以上75歳未満の者

入院　　　　　　　　　　　　　　　　　　　　　　　　　外来（個人ごと）
（現役並み所得者）80,100円＋（医療費－267,000）×1％　44,400円
（一般）　　　　　44,400円　　　　　　　　　　　　　　12,000円
（低所得者）　　　24,600円　　　　　　　　　　　　　　8,000円
（低所得者のうち特に所得の低い者）
　　　　　　　　　15,000円　　　　　　　　　　　　　　8,000円

（5）高額介護合算療養費（現金給付）

　医療保険制度で高額療養費の対象になった世帯に介護保険の受給者がいる場合に、両者の自己負担額を合算できます。

　自己負担限度額は年額で定められ、67万円を超えた分が高額介護合算療養費として支給されます（上位所得者は126万円、低所得者は34万円、その他、所得や年齢により限度額が変わります）。

(6) 移送費（現金給付）

被保険者や被扶養者が、病気やけがで歩行困難な状態であり、医師（または歯科医師）が転院や転地療養が必要と認めた場合で、基準を満たしていた場合（移送の原因のけがや病気により移送が困難であり、緊急の場合）は、移送に必要な費用（移送費）を支給します。

(7) 出産育児一時金（現金給付）

出産は病気ではないため、医療保険が適用できず、定期健診の費用や出産費用、入院費など出産に要する費用は全額自己負担となるのが原則です。

そのため出産にかかる費用の負担を軽減するために、保険の加入者（被保険者または被扶養者）が出産したときに、申請により、原則42万円が支給されます（例外として妊娠22週未満または産科医療補償制度に加入していない医療機関において出産した場合は39万円となります）。

(8) 出産手当金（現金給付）

労働基準法により、出産以前42日から出産日後56日までの期間において妊産婦の労働を制限しており、この休業期間中の所得保障・休業補償をする制度です。

欠勤1日につき標準報酬日額の3分の2に相当する額の支給を受けることができます（ただし、国民健康保険では任意であり、市町村によりその扱いは変わります）。

(9) 傷病手当金

被保険者（本人）が業務外の事由により負傷や疾病にかかり、その療養のため労務不能となった場合、または仕事を休んで収入がなくなってしまうような場合に、その期間中、最長で1年6か月、1日につき標準報酬日額の3分の2相当額が支給されます。

(10) 埋葬料（現金給付）

被保険者（本人）が死亡した場合、遺族等に対し、定額5万円が支給されます。埋葬にかかった費用としては霊柩代、火葬代、葬壇一式料等をいい、実際に埋葬を行った家族等が、健康保険・国民保険の窓口へ申請します。

(11) 家族埋葬料（現金給付）

被扶養者（家族）が死亡した場合、被保険者に対し、定額5万円が支給されます。申請できるのは被保険者のみで、健康保険・国民保険の窓口へ申請します。

5 給付割合

医療保険による給付は、**図表4-3**のようになっています。義務教育前までで8割、義務教育就学後以上70歳未満で7割、70歳以上75歳未満で9割（一定以上の所得があるものに対しては7割）[※1]、75歳以

図表4-3●医療費の患者負担について

【医療費の患者負担割合】

区分	負担割合
75歳～	1割負担
70歳～75歳	2割負担（1割負担に凍結中）
6歳（義務教育就学前）～70歳	3割負担
～6歳（義務教育就学前）	2割負担

○高額療養費制度
医療機関の窓口において医療費の定率の一部負担金を支払っていただいた後、この患者負担が過重とならないよう、月額単位で自己負担限度額を超える部分につき、事後的に保険者から償還払いされる制度。

〈一般的な例：被用者本人（3割負担）のケース〉

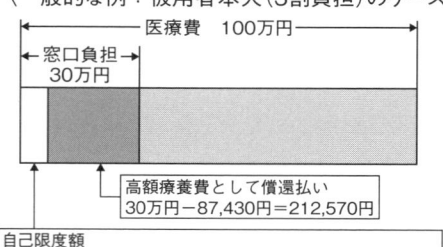

医療費 100万円
窓口負担 30万円
高額療養費として償還払い
30万円－87,430円＝212,570円
自己限度額
80,100円＋(1,000,000円－267,000円)×1％＝87,430円

（注）自己負担限度額は、被保険者の所得に応じ、一般・上位所得者・低所得者に分かれる。

資料：厚生労働省ホームページ

上になると後期高齢者医療制度の対象となり9割（一定以上の所得があるもの[※2]に対しては7割）です。給付の範囲外については患者が自己負担します。

また、自己負担が一定額より高額になった場合、超過分が後で給付（返還）される高額療養費制度が設けられています。

6 「後期高齢者医療制度」について

（1）後期高齢者医療制度の概要

急速に進む少子高齢化にともない医療費は増大する一方であり、高齢者の医療費を安定的に支えるため、現役世代と高齢世代の保険料負担を明確にして公平でわかりやすい制度とするため「健康保険法の等の一部を改正する法律（2006［平成18］年6月21日公布）」により、2008（平成20）年4月から新たに施行された医療制度です。

後期高齢者（75歳以上または、一定の障害がある[※3]と認定された65歳以上）になると、現在加入している国保や健保を脱退し、後期高齢者医療制度の「被保険者」となり、保険料の一部を負担します。運営主体は都道府県の区域ごとにすべての市町村が加入する「後期高齢者医療広域連合」が運営し、被保険者の資格管理、保険料の賦課、医療給付等を行います。

（2）運営の仕組み

運営主体は、都道府県ごとのすべての市町村が加入する広域連合が行い、被保険者の認定や保険料の決定、医療の給付などの業務を行います。被保険者への被保険者証の引き渡し、被保険者からの各種届出や申請の受付、保険料の徴収などは、高齢者への身近な窓口である市

※1：2008（平成20）年4月から、70歳以上75歳未満の一般および低所得者の給付割合は8割になりましたが、患者の自己負担の引き上げは実施が凍結されています。負担増にあたる分は国庫で賄われることになり、2012（平成24）年4月現在、2013（平成25）年3月末まで引き続き9割の給付が受けられるようになっています。
※2：一定以上の所得がある「現役並みの所得者」の基準：健康保険の被保険者の場合は、標準報酬月額が28万円以上の人がこれに該当します。
　　・夫婦世帯（70歳以上の被扶養者がいる）……520万円以上
　　・単独世帯（70歳以上の被扶養者がいない）……383万円以上
※3：一定の障害のある人とは、国民年金などの障害年金1、2級を受給している人、身体障害者手帳の1～3級と4級の一部の人、精神障害者保健福祉手帳の1、2級の人、療育手帳のA（重度）の人です。

町村が担います。

　後期高齢者医療制度にかかる医療費は、高齢者の保険料が1割、後期高齢者支援金として若年者の保険料から4割、税金が5割（国：都道府県：市町村＝4：1：1）で賄われています。

図表4-4 ●後期高齢者医療制度の運営の仕組み（平成20年度）

〈対象者数〉　75歳以上の後期高齢者　約1,300万人
〈後期高齢者医療費〉　11.4兆円
　　　　　　　　　　　給付費　10.3兆円　　患者負担　1.1兆円

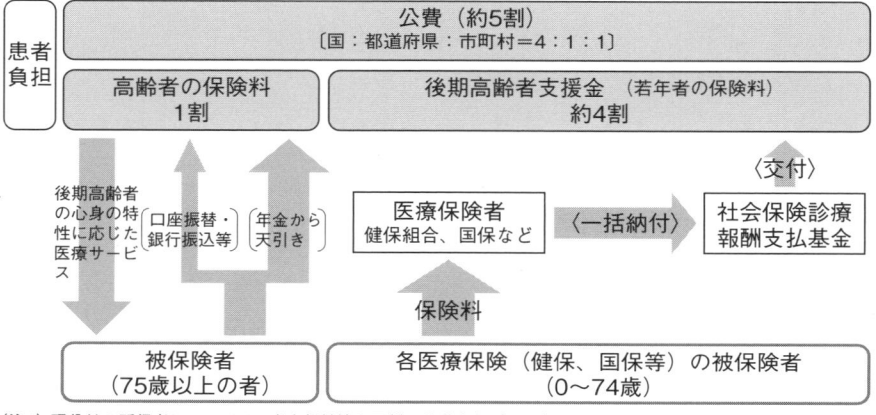

【全市町村が加入する広域連合】

患者負担	公費（約5割）〔国：都道府県：市町村＝4：1：1〕	
	高齢者の保険料　1割	後期高齢者支援金（若年者の保険料）約4割

後期高齢者の心身の特性に応じた医療サービス　←→　口座振替・銀行振込等／年金から天引き　　　　医療保険者　健保組合、国保など　─〈一括納付〉→　社会保険診療報酬支払基金〈交付〉

　　　　　　　　　　　　　　　　　　　　　　　　　　　　　↑保険料

被保険者（75歳以上の者）　　　　各医療保険（健保、国保等）の被保険者（0〜74歳）

（注1）現役並み所得者については、老人保健法と同様に公費負担（50％）はないため、実質的な公費負担率は46％、後期高齢者支援金の負担率は44％となる。
（注2）国保及び政管健保の後期高齢者支援金について、各々 50％、16.4％の公費負担があり、また、低所得者等の保険料軽減について公費負担があり、これらを含めた公費負担率は58％となる。

資料：厚生労働省ホームページ

図表4-5 ●国民医療費、後期高齢者医療費および高齢者割合の見通し

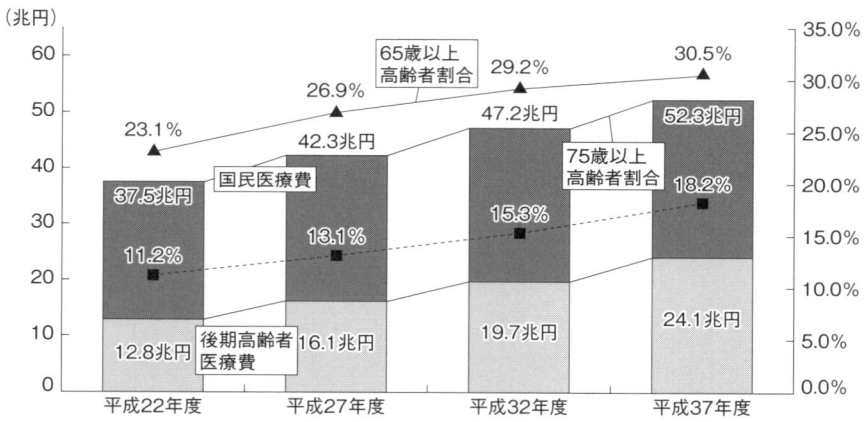

年度	国民医療費	後期高齢者医療費	65歳以上高齢者割合	75歳以上高齢者割合
平成22年度	37.5兆円	12.8兆円	23.1%	11.2%
平成27年度	42.3兆円	16.1兆円	26.9%	13.1%
平成32年度	47.2兆円	19.7兆円	29.2%	15.3%
平成37年度	52.3兆円	24.1兆円	30.5%	18.2%

（注1）国民医療費及び後期高齢者医療費は、第11回高齢者医療制度改革会議（平成22年10月25日）で公表した試算（診療報酬改定がない場合）。なお、医療の高度化等による1人当たり医療費の伸び率（自然増）を年1.5％と仮定。
（注2）65歳以上及び75歳以上の高齢者割合（対総人口）は「日本の将来推計人口」（平成18年12月推計）」（国立社会保障人口問題研究所）の出生中位・死亡中位の推計による。

資料：厚生労働省ホームページ

3 介護保険

1 介護保険とは

(1) 介護保険制度の背景

　1997（平成9）年12月に介護保険法がわが国で制定され、2000（平成12）年4月から施行されました。

　人口の高齢化の進展にともない、要介護者の増加、介護期間の長期化など介護ニーズはますます増大しています。一方、核家族化が進み、老夫婦や独居世帯が増えて家族だけでの介護が難しく、支え切れなくなりました。そこで、新しい介護保険制度で、社会全体で支えるシステムとしました。

　それまでの高齢者を支えるための保健医療福祉制度は医療と福祉の縦割り制度となっており、サービスが自由に選択できない、サービス利用時の負担に不公平が生じている、介護を理由とする長期入院等医療サービスが不適当に利用されているなど、さまざまな問題が指摘されてきました。

(2) 介護を社会全体で支える仕組み

　そこで、社会保障・社会福祉の制度体系を組み直し、介護保険料による新たな財源を確保し、介護を社会全体で支える仕組みを目指したのが「介護保険制度」です。

　介護保険制度の実施においては、単に介護を要する高齢者の身の回りの世話をするということを超え、高齢者の自立を支援することを理念とし、利用者の意志を尊重し、多様な事業主体から介護サービスを

選択・利用する「利用者本位」の考えのもとで行われるものです。

2 介護保険の概要

運営主体である保険者には市町村があたり、制度の運営の他、認定審査会を組織して要介護認定を行い、サービスの確保や整備を推進します。

「被保険者」については、当該市町村の40歳以上の住民であって、そのうち65歳以上の者（第1号被保険者）と、40歳以上65歳未満の者（第2号被保険者）の2種から構成されています。「保険料」は第1号被保険者については市町村へ納付し、第2号被保険者については加入している医療保険の保険者に納付し、支払基金が市町村へ交付します。

介護サービスを利用するには、第1号被保険者（65歳以上の高齢者）は、何らかの介護や支援が必要と認定された場合にサービスを利用できます。第2号被保険者（40歳以上65歳未満）は、脳血管疾患など、老化に起因する16特定疾病[※4]により、何らかの介護や支援が必要と認定された場合にサービスを利用できます。

※4：16特定疾病：①がん末期、②筋萎縮性側索硬化症、③後縦靱帯骨化症、④骨折を伴う骨粗鬆症、⑤多系統萎縮症、⑥初老期における認知症、⑦脊髄小脳変性症、⑧脊柱管狭窄症、⑨早老症、⑩糖尿病性神経障害、糖尿病性腎症および糖尿病性網膜症、⑪脳血管疾患、⑫進行性核上性麻痺、大脳皮質基底核変性症およびパーキンソン病、⑬閉塞性動脈硬化症、⑭関節リウマチ、⑮慢性閉塞性肺疾患、⑯両側の膝関節または股関節に著しい変形を伴う変形性関節症

4 在宅における医療保険と介護保険の区分け

　在宅で療養する利用者は医療保険の対象となるサービスと介護保険の対象となるサービスの両方を受けることができます。しかし、そのサービスの区分けは複雑でとてもわかりにくくなっています。

　例えば、訪問看護やリハビリテーションは、医療保険対象のサービスでもあり、介護保険対象のサービスでもありますが、サービスを使うタイミングや疾患等で介護保険が優先されたり、医療保険が優先されたりします。また、同時に両方からのサービスを受ける例として、医師が患者宅を訪問し診療した場合、医療保険対象の訪問診療とあわせて介護保険対象の居宅療養管理指導費も算定が可能です（医学管理に基づき、居宅介護支援事業所等に居宅サービス計画に必要な情報の提供等を行った場合に限る）。

　このように提供の仕方により、利用者の負担金が変わったり、サービスを受けられなかったりする可能性もありますので、利用者にとって不利益を生じることがないよう、サービスを提供する側は正しい知識を持つことが必要となります。

1 在宅患者訪問診療料と居宅療養管理指導費

　患者の居宅を訪問し診療することは医療保険による在宅患者訪問診療料で算定し、診療の結果によってケアマネジャー等に対し療養上の指導や居宅サービス計画に必要な情報を提供することは、介護保険対象の居宅療養管理指導費として同時に算定が可能となります。

図表 4-6 ●医療保険、介護保険に係る訪問診療の報酬

■医療保険　在宅患者診療・指導料

在宅患者訪問診療料			
1	同一建物居住者以外		830点
2	同一建物居住者	イ　特定施設等入居者	400点
		ロ　イ以外	200点

注）訪問診療料は、居住する場により異なります。「同一建物」とは有料老人ホームやサービス付き高齢者向け住宅等の集合住宅など。

在宅時医学総合管理料（定期的に2回以上の訪問がある場合算定）				
1	機能強化型在宅療養支援診療所（病院）	有床	処方せん交付あり 処方せん交付なし	5,000点 5,300点
		無床	処方せん交付あり 処方せん交付なし	4,600点 4,900点
2	在宅療養支援診療所（病院）		処方せん交付あり 処方せん交付なし	4,200点 4,500点
3	1・2以外		処方せん交付あり 処方せん交付なし	2,200点 2,500点

注）在宅時医学総合管理料は、訪問診療を担う医療機関の施設基準によって異なります。

■介護保険　居宅療養管理指導費（医師の場合）

（Ⅰ）在宅時医学総合管理料又は特定施設入居時等総合管理料を算定していない場合	同一建物居住者以外 同一建物居住者	500単位 450単位
（Ⅱ）在宅時医学総合管理料又は特定施設入居時等総合管理料を算定している場合	同一建物居住者以外 同一建物居住者	290単位 261単位

算定例：自宅で月2回の訪問診療を受けている場合
　（医療保険・強化型在宅支援診療所・院外処方）
　　在宅時医学総合管理料　4,600点＋訪問診療（月2回）830点×2回
（介護保険）
　　居宅療養管理指導費（月2回）290単位×2回
　　　　　　　　　　合計　68,400円（利用者1割負担6,840円）

2 医療保険・介護保険に係るリハビリテーションの報酬

　介護認定を受けている患者に対して行う訪問リハビリテーションは、介護保険が優先され医療保険の対象とはなりません。

　また、通院で実施するリハビリテーションにおいても介護保険における通所リハビリテーション、訪問リハビリテーション、介護予防訪問リハビリテーションまたは介護予防通所リハビリテーションを受けている場合は、同一の疾患については介護保険が優先されます。

　ちなみに、通院で実施する医療保険のリハビリテーションに関しては、疾患別に標準的算定日数が定められており、原則として2014（平成26）年4月1日以降は、標準的算定日数を超えて実施されたリハビリテーションは医療保険の対象とはなりません。

図表4-7●医療保険の（通院）リハビリテーション

（点数）

		施設基準（Ⅰ）	（Ⅱ）	（Ⅲ）	標準的算定日数
心大血管疾患リハ		200	100		150日
脳血管疾患等リハ	廃用症候群	235	190	100	180日
	上記以外	245	200		
運動器リハ		175	165	80	150日
呼吸器リハ		170	80		90日

（標準的算定日数超の場合）

脳血管疾患等リハ	廃用症候群	212	171	90	
	上記以外	221	180		
運動器リハ		158	149	80	

図表4-8●医療保険の（訪問）リハビリテーション

在宅患者訪問リハビリテーション指導管理料
1単位（20分以上）……300点

図表4-9 ●介護保険の通所リハビリテーション

（通常規模の病院・診療所）
(単位)

	要介護1	要介護2	要介護3	要介護4	要介護5
1～2時間未満	270	300	330	360	390
2～3時間未満	284	340	397	453	509
3～4時間未満	386	463	540	617	694
4～6時間未満	502	610	717	824	931
6～8時間未満	671	821	970	1,121	1,271

図表4-10 ●予防通所リハビリテーション費

（病院または診療所）

要支援1	2,412単位／月
要支援2	4,828単位／月

図表4-11 ●介護保険（訪問）リハビリテーション

訪問リハビリテーション費
1回（20分以上）……305単位

3 訪問看護

（1）訪問介護の対象者

　要支援・要介護者への訪問看護は、介護保険が優先となりますが、がん末期、神経難病等厚生労働大臣が定める疾病等および急性増悪期（14日以内）の患者は、介護保険を適用せず、医療保険を適用した訪問看護になります。これらの病気は、医療に頼る状態が非常に高いため、介護保険を適用すると支給限度額によって必要な医療が受けられない、ということにならないようにするため医療保険を適用した訪問看護になります。

図表4-12 ●医療保険・介護保険の訪問看護の対象者のイメージ

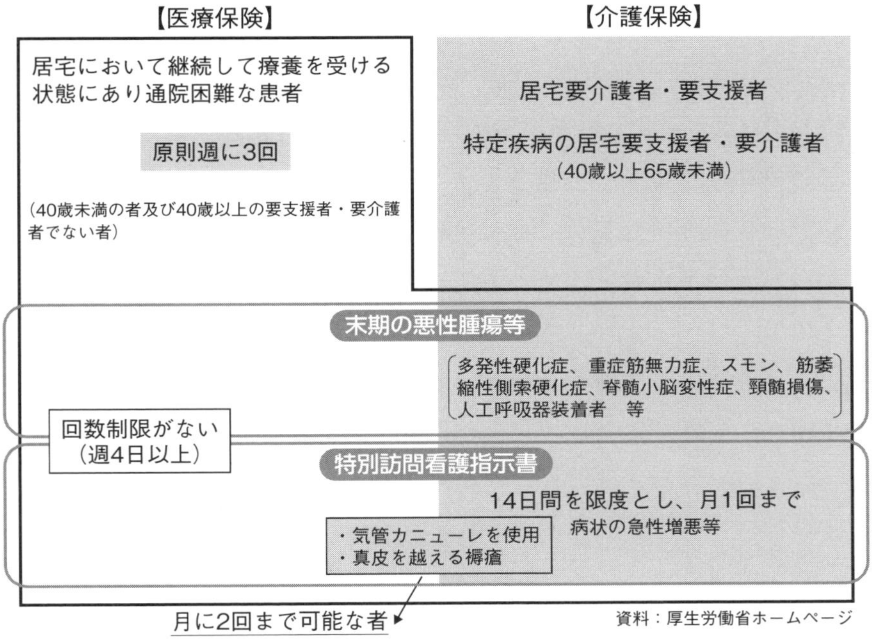

【医療保険】
居宅において継続して療養を受ける状態にあり通院困難な患者
原則週に3回
（40歳未満の者及び40歳以上の要支援者・要介護者でない者）

【介護保険】
居宅要介護者・要支援者
特定疾病の居宅要支援者・要介護者
（40歳以上65歳未満）

末期の悪性腫瘍等
多発性硬化症、重症筋無力症、スモン、筋萎縮性側索硬化症、脊髄小脳変性症、頸髄損傷、人工呼吸器装着者　等

回数制限がない
（週4日以上）

特別訪問看護指示書
14日間を限度とし、月1回まで
病状の急性増悪等

・気管カニューレを使用
・真皮を越える褥瘡
月に2回まで可能な者

資料：厚生労働省ホームページ

（2）介護保険と医療保険の訪問介護の区分け

1．介護保険からの訪問看護

要支援・要介護者に対してケアプランに基づいて行われる訪問看護

2．医療保険からの訪問看護

（1）要支援・要介護者以外の者に対する訪問看護

（2）急性増悪時の訪問看護（14日以内）

（3）末期の悪性腫瘍、または厚生労働大臣の定める疾病等[※5]の患者に対する訪問看護

（4）精神科訪問看護（精神障害者施設の入所者に対して行われる場合に限る）

　上記でいう「要支援者」とは、要介護状態には該当せず身体上または精神上の障害があって、日常生活を営むのに支障があると認められた状態にあり、要支援の認定を受けた者を指し、「要介護者」とは、身体上または精神上の障害があって、入浴、排泄、食事等の日常生活

※5：厚生労働大臣の定める疾病等：多発性硬化症、重症筋無力症、スモン、筋萎縮性側索硬化症、脊髄小脳変性症、ハンチントン舞踏病、進行性筋ジストロフィー症、パーキンソン病関連疾患（進行性核上性麻痺、大脳皮質基底核変性症及びパーキンソン病〔ホーエン・ヤールの重症度分類がステージ3以上であって、生活機能症度が2または3度のものに限る〕をいう）、多系統委縮症（線条体黒質変性症、オリーブ橋小脳委縮症及びシャイ・ドレーガー症候群をいう）、プリオン病、亜急性硬化性全脳炎、後天性免疫不全症候群、頸髄損傷、人工呼吸器を使用している状態。

においての基本的動作の全部または一部について、常時介護を要すると見込まれる状態であり、要介護の認定を受けた者を指します。

(3) 医療保険・介護保険に係る訪問看護の報酬 (訪問看護ステーション)

訪問看護の報酬は**図表4-13**の通り、医療と介護では算定方法も金額も変わってきます。

図表4-13●訪問看護報酬表（医療・介護）

■医療保険　訪問看護療養費

訪問看護基本療養費（Ⅰ） （保健師・看護師・理学療法士・作業療法士・言語療法士）	
（1）週3日まで	5,550円
（2）週4日以降	6,550円

＋

訪問看護管理療養費	
月の初日	7,300円
2日目以降12日まで	2,950円

＋

各種要件に応じて加算

■介護保険　訪問看護費・介護予防訪問看護費

訪問看護費 （保健師・看護師・理学療法士・作業療法士・言語療法士）	
20分未満	316単位
30分未満	472単位
30分以上1時間未満	830単位
1時間以上1時間30分未満	1,138単位
理学療法士の場合	316単位

＋

各種要件に応じて加算

同一疾患でも、医療保険と介護保険では自己負担額が異なる。

例）要介護1、筋萎縮性側索硬化症、週1回45分の訪問看護を受ける場合

（医療保険）
　1週目　5,500円＋7,300円
　2週目　5,500円＋2,950円
　3週目　5,500円＋2,950円
　4週目　5,500円＋2,950円
　　合計　38,150円
　　　（1割で3,820円）

（介護保険）
　1週目　　830単位
　2週目　　830単位
　3週目　　830単位
　4週目　　830単位
　　合計　3,320単位
　　　（1割で3,320円）

＊自己負担額から見ると、介護保険のサービスとして計画したほうが安く見えるが、病名からすると医療保険が優先であり、患者負担も公費負担医療の対象で負担金が0円となる。

5 医療と介護の連携を進める報酬

わが国の急速な少子高齢化に伴い、人口構造・社会環境も急激に変化してきており、住み慣れた地域でできるだけ暮らしていけるように、地域包括ケアシステムの構築が進められています。

同時に医療サービス、介護サービスを利用（提供）した場合の診療報酬、介護報酬においても、医療を担う医療機関と居宅介護支援専門員や訪問看護師など介護サービスに関するさまざまな職種、また介護サービスによる施設との連携を評価する仕組みが組み込まれてます。

図表4-14●連携における診療報酬・介護報酬一覧

医療機関で算定		
居宅療養管理指導費	（Ⅰ）500単位または450単位 （Ⅱ）290単位または261単位	医師、又は歯科医師が、居宅介護支援事業所その他の事業所に対する居宅サービス計画の策定等に必要な情報提供並びに、利用者若しくはその家族に対する助言や情報提供等を行った場合
退院時共同指導料2	300点	医師又は看護師等が入院中の患者に対して、退院後の在宅での療養上必要な説明及び指導を、地域において当該患者の在宅療養を担う医師、若しくは訪問看護ステーションの看護師と共同して行った場合
介護支援連携指導料	300点	医師又は看護師等が入院中の患者に対して、退院後の在宅での療養上導入が望ましいと考えられる介護サービス等の情報を患者を担当する介護支援専門員と共に提供した場合
居宅介護支援事業所で算定		
入院時情報連携加算	（Ⅰ）200単位/月 （Ⅱ）100単位/月	介護支援専門員が病院又は診療所に訪問し（Ⅰ）、又はその他の方法（Ⅱ）で病院、又は診療所の職員に対して必要な情報（在宅時の介護サービスの利用状況等）を行った場合
退院・退所加算	300単位 （入院中3回）	入院・入所の利用者の退院・退所にあたり、当該病院等の職員と面談、連携し利用者に関する情報を得た場合

緊急時等居宅カンファレンス加算	200単位（月2回まで）	病院又は診療所の求めにより、当該病院又は診療所の職員と共に利用者の居宅を訪問し、カンファレンスを行い、必要に応じて居宅サービス等の調整を行った場合
訪問看護ステーションで算定		
退院時共同指導加算	6,000円	入院中の医療機関又は入所中の老人保健施設において、その退院・退所にあたって、訪問看護ステーションの職員が、主治医又は老人保健施設の職員と共同し、患者に対し在宅での療養上必要な指導を行いその内容を文書により提供した場合
在宅患者連携指導加算	3,000円	看護師等が、訪問診療を実施している医療機関、歯科訪問診療をしている医療機関、訪問薬剤指導を実施している保険薬局と文書により情報共有すると共に、療養上必要な指導を行った場合
特別管理指導加算	2,000円	退院後、特別な管理が必要なものに対して、在宅医療を担う医療機関の医師、若しくは医師の指示を受けた看護師、又は訪問看護ステーションの看護師が、退院時共同指導を行った場合
訪問看護基本療養費（Ⅲ）	8,500円	当該入院医療機関からの試験外泊時の当該医療機関からの訪問看護若しくは、連携する訪問看護ステーションによる訪問看護を行った場合
退院支援指導加算	6,000円	診療により、退院当日の訪問看護が必要であると認められた者に該当する場合に、保健医療機関から退院するに当たって、訪問看護ステーションの看護師等が、退院日に当該医療機関以外において療養上必要な指導を行った場合
在宅患者緊急時等カンファレンス加算	2,000円	利用者の急変時等に、利用者の主治医の求めに応じて利用者の居宅においてカンファレンスを行った場合
特定施設で算定		
医療機関連携加算	80単位（1月につき）	看護職員が、利用者ごとに健康の状況を継続的に記録しておいて、協力医療機関又は、当該利用者の主治医に対して、当該利用者の健康の状況について月に1回以上情報を提供した場合
グループホームで算定		
医療連携体制加算	39単位（1日につき）	当該施設の看護師、又は、病院、診療所、訪問看護ステーションの看護師と連携し、利用者の日常的な健康管理、状態を判断し、看護師が医療面から適切な指導、援助を行った場合

（1）医療機関の介護事業者等との連携を評価する報酬
　　　（医療機関で算定）
○居宅療養指導管理料
　通院が困難な要支援・要介護者に対して、日頃から患者の健康管理をしているかかりつけ医等が居宅を訪問して、療養上の管理や指導、助言などを患者、患者家族、介護保険サービスを作成する介護支援専門員やサービス事業者等に提供した場合に算定します（平成24年度改正後、介護支援専門員への情報提供は必須となりました）。

○退院時共同指導料2
　入院中の医療機関の医師または看護師が、退院後の在宅医療を担う医師または看護師または訪問看護ステーションの看護師と共同で、在宅療養上必要な説明や指導を行った場合に算定します。

○介護支援連携指導料
　入院中の医師または看護師等が、退院後も患者を担当する介護支援専門員と共同して、退院後の療養生活に導入が望ましいと考えられる介護サービス等の情報を患者に対し、説明、指導した場合に算定します。

（2）介護支援専門員の医療との連携を評価する報酬
　　　（居宅介護支援事業所で算定）
○入院時情報連携加算
　利用者が入院する際、医療機関に訪問または訪問以外の方法で医療機関の職員に対して、利用者に関する必要な情報提供を行った場合に算定します。

○退院・退所加算
　病院や診療所に入院していた患者、もしくは地域密着型介護老人福祉施設、介護保険施設に入所していた利用者が退院・退所し、退院・退所後は居宅にて居宅サービスを利用する場合にあたり、入院していた病院、診療所や介護施設等の職員と面談を行って、その患者・利用者の居宅サービスを計画するうえで必要な情報の提供等を受け、居宅

サービス計画の作成、居宅サービス事業所との調整を行い、患者・利用者の退院・退所後の居宅サービスがスムーズに導入されるよう図った場合に算定します。

○緊急時等居宅カンファレンス加算

　日頃から患者を診ている病院や診療所の求めに応じて、その病院や診療所の医師または看護師と一緒に患者の居宅を訪問し、カンファレンスを行い、必要に応じてその者に必要な居宅サービスの利用に関する調整を行った場合に算定します。

（3）訪問看護ステーションの看護師の医療機関との連携を評価する報酬（訪問看護ステーションで算定）

○退院時共同指導加算

　病院や診療所に入院、もしく老人保健施設に入所していた者が退院・退所するにあたり、入院していた病院、診療所の主治医または老人保健施設の主治医もしくは主治医より指示を受けたその他の職員と共同して、その利用者または利用者家族に対し在宅での療養上必要な指導を行い、なおかつ指導内容、情報を文書にて提供した場合に算定します。

○訪問看護療養費特別管理指導加算

　退院後、特別な管理が必要な利用者に対して、在宅医療を担う医療機関の保険医、もしくは当該保険医の指示を受けた看護師、または訪問看護ステーションの看護師が退院時共同指導を行った場合に算定します。

○在宅患者連携指導加算

　訪問診療を実施している医療機関、歯科訪問診療を実施している医療機関、訪問薬剤指導を実施している保険薬局と一月2回以上文書等による情報共有を行うとともに、共有された情報を踏まえて療養上必要な指導を行った場合に算定します。

○訪問看護基本療養費（Ⅲ）

　入院中の患者であって、末期の悪性新生物の患者等の疾病の利用者

または留置カテーテルを留置している状態等の利用者、または診療に基づき、試験外泊時の訪問が必要であると認められた利用者に対し、当該医療機関からの試験外泊時に訪問看護を行った場合に算定します。

○退院支援指導料

　難病等の利用者や特定の状態の利用者、または診療により退院当日の訪問看護が必要と認められる利用者に対し、訪問看護ステーションの看護師等が退院日に在宅での療養上必要な指導を、当該医療機関以外において行った場合に算定します。

○在宅患者緊急時等カンファレンス加算

　利用者の状態の急変や診療方針の変更等の際、利用者の診療を行う医師の求めにより開催されたカンファレンスに、訪問看護ステーションの看護師等が参加して、共同で利用者や家族に対して指導を行った場合に算定します。

（4）特定施設入居者生活介護の医療機関との連携を評価する報酬

（特定施設入居者生活介護が算定）

○医療機関連携加算

　看護職員が、利用者ごとに健康の状況を継続的に記録しておいて、協力医療機関または、当該利用者の主治医に対して、当該利用者の健康の状況について月に1回以上情報を提供した場合に算定します。

（5）認知症対応型共同生活介護の医療機関との連携を評価する報酬

　　（認知症対応型共同生活介護が算定）

○医療連携体制加算

　利用者が重度化した場合の医療機関との連携体制などの指針を定め、当該施設の看護師、または、病院、診療所、訪問看護ステーションの看護師と連携し、利用者の日常的な健康管理、状態を判断し、看護師が医療面から適切な指導、援助を行った場合に算定します。

確認問題

問題1　医療保険給付に関する記述で、正しいものを1つ選びなさい。

①訪問看護を受けた場合、患者は費用の全額を訪問看護事業所に支払い、保険分は加入する保険組合等より給付される。
②高度な治療を要する入院、長期入院になった場合の入院費は、費用が高額となるため、入院にかかるすべての費用が高額療養費の対象となる。
③医療保険の給付が受けられる「移送費」とは、転院にかかる費用すべてが対象となる。
④医療保険で高額療養費の対象となった世帯に、介護保険の受給者がいる場合は、高額介護合算療養費の対象となる。

問題2　介護保険に関する記述で、正しいものを1つ選びなさい。

①介護保険サービスの利用においては、利用者家族の意志・希望によりサービスを選択する。
②介護保険の「第1号被保険者」とは40歳以上の住民であり、「保険者」である市町村へ保険料を納付する。介護サービスを利用するには、何らかの介護や支援が必要と認定された場合に利用することができる。
③45歳で甲状腺機能障害を患っている者は、介護保険の「第2号被保険者」となり、何らかの介護や支援が必要と認定された場合には介護サービスを利用することができる。
④介護保険制度における、要支援・要介護者への介護に必要な訪問看護やリハビリテーション等の医療サービスは、同一の疾患については、介護保険が優先となる。
⑤介護保険制度は、核家族対策の1つとして戦後間もなく制定された。

確認問題

解答1 ④

解説1

① ×：訪問看護療養費は現物給付。
② ×：入院時の食事療養に要する負担額（1食あたり260円［非課税者100〜210円］）や差額ベッドは対象外となる。
③ ×：病気やけがの程度、医師の指示、各保険組合等の審査による。
④ ○：設問の通り。年額67万円を超えた分が高額介護合算療養費として支給される（所得等により限度額が変わる）。

解答2 ④

解説2

① ×：利用者本人の意思を尊重する「利用者本位」のもと、選択されるもの。
② ×：「第1号保険者」とは65歳以上の者である。
③ ×：甲状腺機能障害は、「第2号被保険者」対象の16特定疾病ではない。
④ ○：設問の通り。
⑤ ×：1997（平成9）年制定、2000（平成12）年4月より施行された制度である。

第5章
医療・介護福祉連携の課題と展望

1 医療・介護福祉連携により解決すべき課題と展望
2 看取りの場
3 認知症と老老介護
4 膨らむ社会保障費

1 医療・介護福祉連携により解決すべき課題と展望

　わが国は今後10年間で、50歳以上の人口が全人口の半数以上を占める、人類史上例のない高齢化を迎えます。人が長く生きられる社会は平和で幸せな社会に違いありません。

　その反面、さまざまな課題がわれわれの行く手に待ち受けています。この問題解決は世界にも先例がなく、われわれ自身の力で答えを見つけていくしかありませんし、今後世界各国が直面する課題でもあります。すでに韓国や台湾では、わが国の高齢化スピードより速く高齢化が進んでいます。これらの国々とも協力しながら、わが国だけでなく世界各国の共通の課題として、解決策を考えていく必要があるでしょう。

　わが国が抱える社会問題の中で、多職種の連携により解決すべき項目を挙げて、課題の現状と展望について述べます。

2 看取りの場

課題1　死亡者数の増加と病院数の減少
――看取りの場所はあるのか

（1）高齢者の死亡者が増加

　医療と介護の方向性を決める報酬改定は、診療報酬は2年ごと、介護報酬は3年ごとに行われ、6年に1度は同時改定となります。2012（平成24）年は6年に1度の同時改定がありました。

　2012（平成24）年の改定では2025年を見据えた医療・介護の方向性が打ち出されました。2025年とは、いわゆる団塊の世代が75歳以上の後期高齢者に突入する年です。

　さらには、その先の2040年、死亡者の人数が約166万人とピークを迎えることも視野に入れています。2008（平成20）年では約108万人の死亡者がおり、このうち65歳以上が83万人でした。今後の死亡者数は、特に高齢者の死亡者が増加していきます。このことは終末期医療や介護のあり方にさまざまな影響を与えています。

（2）看取りの場所はあるのか

　看取りについてですが、2030年時点で病床数が増加せず、介護施設が2倍に整備されて、自宅死亡が1.5倍に増加したと仮定した場合の推定値は、医療機関で約89万人、自宅で約20万人、介護施設で約9万人となり、それ以外の約47万人をどこで看取るのかが課題となっています（**図表5-1**）。

　この数字は仮定であり、現在も病床数は減少しており、介護施設の

増加も頭打ち状態です。そのため、看取りの場所が決まらない47万人がさらに増加して、50万人以上になることもあり得るわけです。

　国の政策としては、在宅サービスに位置付けされている、グループホームや有料老人ホームなどの介護施設、新しく制度化されたサービス付き高齢者向け住宅も、看取りの場として環境整備していこうとしています。

　今後は、これらの介護施設においても、医療と介護・福祉の連携を強化して終末期医療を行っていかなければ、とても47万人の人を看取ることができません。そのためには、在宅医の育成だけでなく、多職種協働の推進、さらには介護職の医療処置解禁や看取り教育を行っていく必要があります。

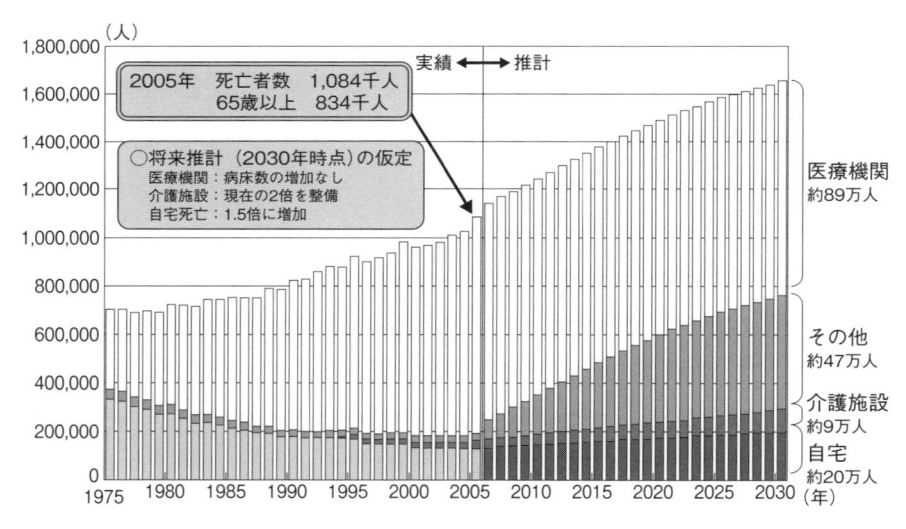

図表5-1 ●今後の看取りの場は？

注：介護施設は老健、老人ホーム
資料：2005年までの実績は、厚生労働省「人口動態統計」、
　　　2006年（平成18年）以降の推計は、国立社会保障・人口問題研究所「人口統計資料集（2006年度版）」
　　　から推定

展望1　介護施設での看取りの増加

(1) 在宅医療の強化と医療機関連携の推進

　2011 (平成23) 年10月に中央社会保険医療審議会で公表された、2025年までの診療報酬における社会保障改革の実現に向けたスケジュールを見ると (**図表5-2**)、今回を含めて後2回の診療報酬・介護報酬同時改定で、医療・介護サービスのあるべき姿を実現していこうという姿勢が見えます。

　その方向性は、①医療機関の機能の明確化と連携の強化、②医療機関と在宅・介護施設との連携強化、③医療提供が困難な地域に配慮した医療提供体制の構築、となっています。

　まさに、国を挙げて医療・介護福祉連携を強化することで2025年問題に対応していこうということです。

図表5-2 ●診療報酬における社会保障改革の実現に向けたスケジュール (粗いイメージ)

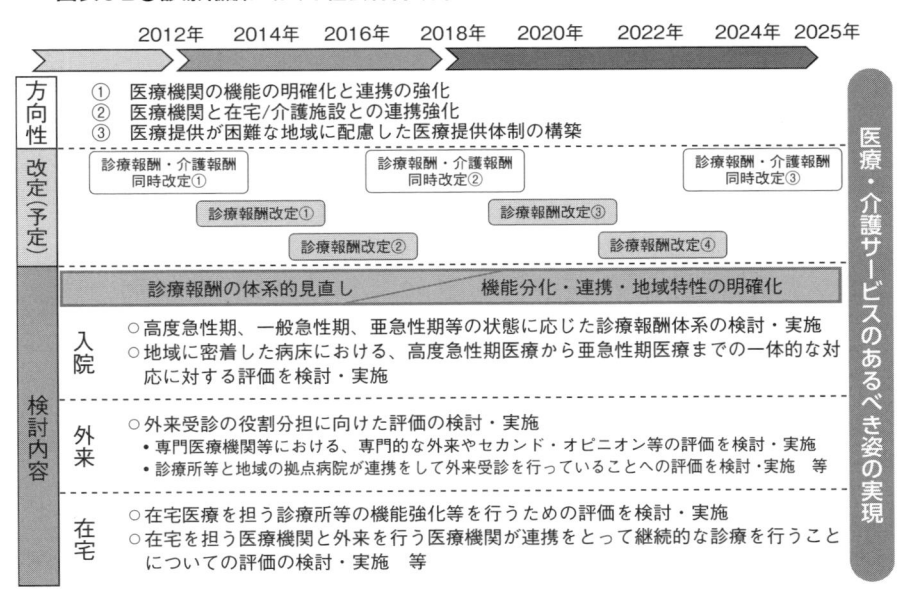

	2012年	2014年	2016年	2018年	2020年	2022年	2024年	2025年
方向性	① 医療機関の機能の明確化と連携の強化 ② 医療機関と在宅/介護施設との連携強化 ③ 医療提供が困難な地域に配慮した医療提供体制の構築							
改定(予定)	診療報酬・介護報酬同時改定①		診療報酬改定①	診療報酬・介護報酬同時改定②	診療報酬改定③		診療報酬・介護報酬同時改定③	
		診療報酬改定②			診療報酬改定④			
	診療報酬の体系的見直し			機能分化・連携・地域特性の明確化					医療・介護サービスのあるべき姿の実現
検討内容 入院	○高度急性期、一般急性期、亜急性期等の状態に応じた診療報酬体系の検討・実施 ○地域に密着した病床における、高度急性期医療から亜急性期医療までの一体的な対応に対する評価を検討・実施							
検討内容 外来	○外来受診の役割分担に向けた評価の検討・実施 ・専門医療機関等における、専門的な外来やセカンド・オピニオン等の評価を検討・実施 ・診療所等と地域の拠点病院が連携をして外来受診を行っていることへの評価を検討・実施　等							
検討内容 在宅	○在宅医療を担う診療所等の機能強化等を行うための評価を検討・実施 ○在宅を担う医療機関と外来を行う医療機関が連携をとって継続的な診療を行うことについての評価の検討・実施　等							

資料：中央社会保険医療審議会、2011年10月5日

在宅医療を担う在宅療養支援診療所は、2010（平成22）年現在で12,487件の届け出がありますが、看取りを1名以上行っている診療所は全体の半数にも満たず、5,833件でした（**図表5-3**）。つまり、看板だけ掲げている診療所が半数以上あるということであり、十分に機能しているとは言えず、在宅療養支援診療所以外の医療機関での看取り数のほうが多いという現実もあります。

今回の診療報酬改定では、機能強化型在宅療養支援診療所を新しく設定して在宅医療の推進を行うだけでなく、診療所間連携の診療報酬算定を可能にすることで医療連携をも誘導しています。

死亡診断を行えるのは医師だけであるということからも、まず医療機関同士の連携を強化していくことは、当然の方向性でしょう。

図表5-3● 在宅看取り1名以上の在宅療養支援診療所と在宅死亡の比較（都道府県分布）

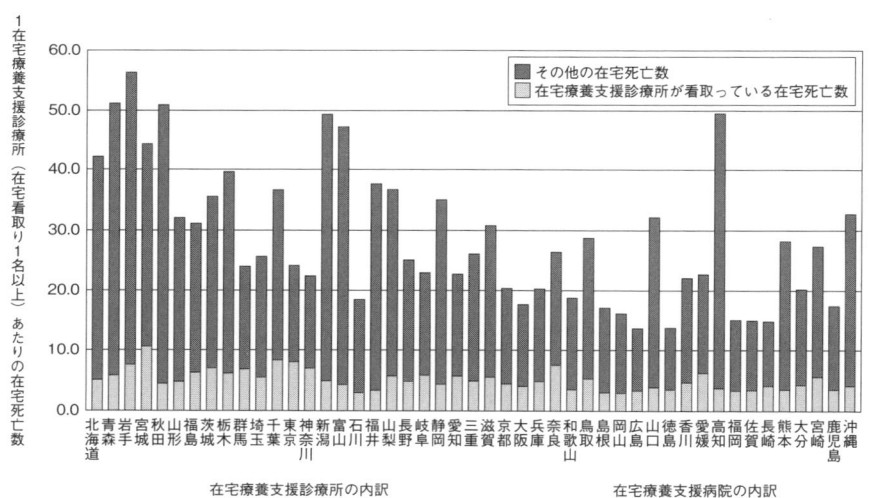

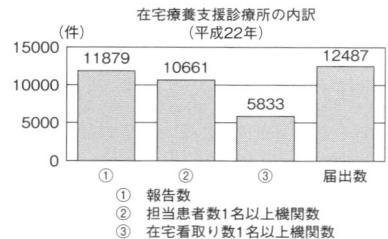

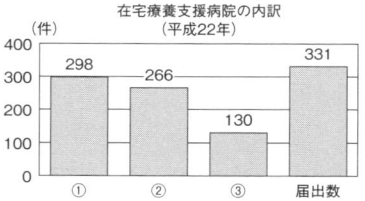

資料：中医協総会資料、平成23年10月5日、
　　　保険局医療課調べ（平成22年7月1日時点）

在宅医療で重要な役割を果たす訪問看護においても、今回の改定で長年の課題となっていた、退院当日や外泊での訪問看護の診療報酬を算定可能にするなど、柔軟な対応となっており、訪問看護も利用しやすくなってきました。

　さらに、介護施設やケアマネジャーとの連携を強化する方向での診療報酬の改定もされており、今後、介護との連携をとることは地域医療を行う診療所にとっても必須の仕事となってきました。

（2）終末期医療のあり方

　このように国は診療報酬・介護報酬の改定により連携を強化していき、看取りにも対応していこうとしています。今後さらに必要なことは、高齢者の終末期医療のあり方について、国民的な議論を重ね市民の意識改革を行うとともに、あるべき姿の合意を得ていくことではないでしょうか。

　もちろん、延命を希望する人には適切な医療を提供すべきですが、延命を希望しない高齢者も多く、これらの人々を生活の場で医療・介護福祉連携により、最期までその人らしく暮らしながら看取るサービスを提供することがもっとも求められていることの1つでしょう。

3 認知症と老老介護

課題2 認知症高齢者数、独居高齢者数の増加

(1) 在宅で生活する認知症高齢者が増加

　高齢人口の増加に伴い認知症の高齢者は増加をしています。現在、200万人とも300万人とも推定される認知症高齢者の半数以上は、介護施設や病院ではなく、在宅で生活をしています（**図表5-4**）。今後も認知症高齢者数は増加を続けて、400万人から600万人へと増え、同時に地域で暮らす認知症の人も増えていきます。

図表5-4●認知症疾患患者の所在

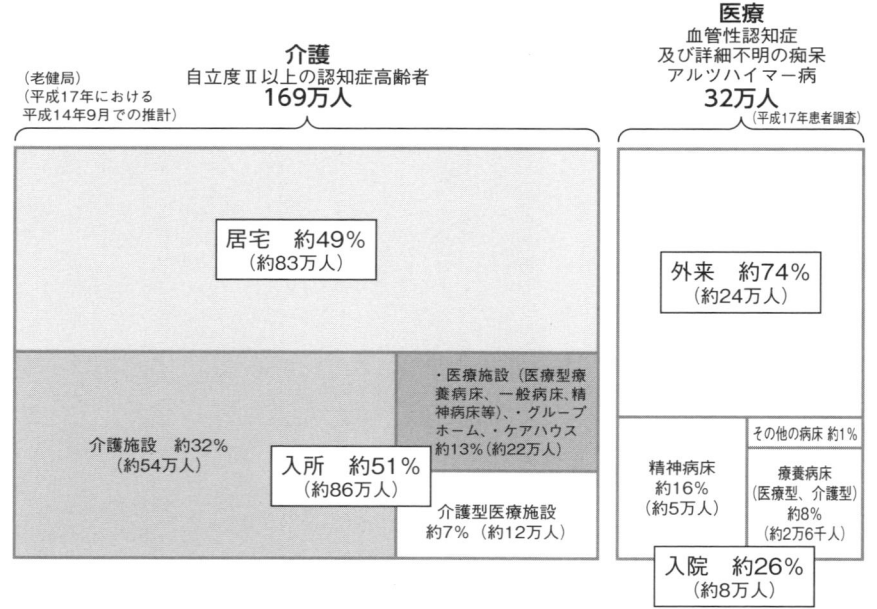

介護 自立度Ⅱ以上の認知症高齢者 169万人
（老健局）（平成17年における平成14年9月での推計）
- 居宅　約49%（約83万人）
- 介護施設　約32%（約54万人）
  - 入所　約51%（約86万人）
  - 医療施設（医療型療養病床、一般病床、精神病床等）・グループホーム・ケアハウス　約13%（約22万人）
  - 介護型医療施設　約7%（約12万人）

医療 血管性認知症及び詳細不明の痴呆 アルツハイマー病 32万人
（平成17年患者調査）
- 外来　約74%（約24万人）
- 入院　約26%（約8万人）
  - 精神病床　約16%（約5万人）
  - 療養病床（医療型、介護型）　約8%（約2万6千人）
  - その他の病床　約1%

注：医療施設（医療型療養病床、介護型療養病床、一般病床、精神病床）は介護と医療で重複がある。
資料：厚生労働省老健局、高齢者介護研究会報告書、「2015年の高齢者介護」

（2）高齢者だけの世帯が増加

　高齢者のいる世帯も増加しており、2009（平成21）年時点で2,013万世帯と全世帯数4,801万世帯の41.9％を占めていました。そのうち、独居と夫婦のみ世帯が10,623世帯（52.8％）と半数以上でした。1980（昭和55）年では3世代世帯が一番多く50.1％と半数以上を占めていましたが、2009（平成21）年では夫婦のみの世帯が一番多く29.8％で、3世代世帯は17.5％まで減少しました（**図表5-5**）。この30年間で、高齢者がいる世帯の半分は、高齢者だけの世帯になっています。

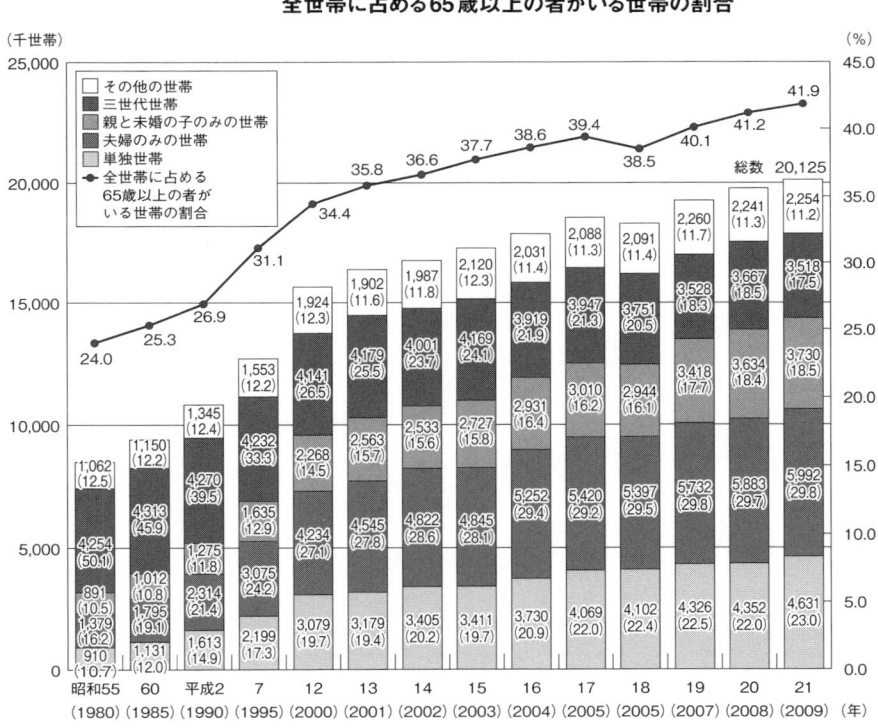

図表5-5 ● 65歳以上の者がいる世帯数および割合構成と全世帯に占める65歳以上の者がいる世帯の割合

（注1）平成7年の数値は、兵庫県を除いたものである
（注2）（　）内の数字は、65歳以上の者のいる世帯総数に占める割合（％）
（注3）四捨五入のため合計は必ずしも一致しない
　　　資料：昭和60年以前は厚生省「構成行政基礎調査」、昭和61年以降は厚生労働省「国民生活基礎調査」

　また、介護を要する高齢者の単独世帯も増加をしており、要介護3以上で独居生活をしている世帯も増加しています。さらに、独居世帯の増加は高齢者人口の伸び率以上の伸び率を示していました（**図表**

5-6)。

図表5-6 ●高齢者単身世帯の増加

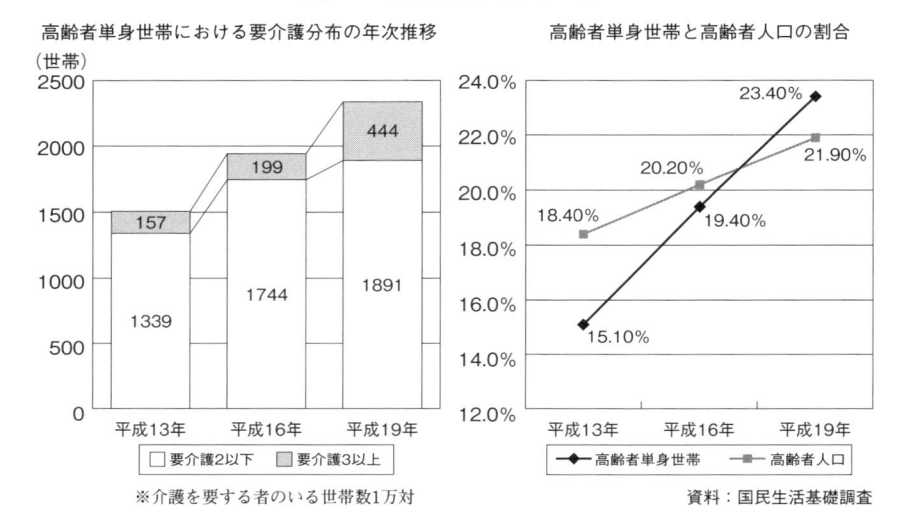

高齢者単身世帯における要介護分布の年次推移
（世帯）

年	要介護2以下	要介護3以上
平成13年	1339	157
平成16年	1744	199
平成19年	1891	444

※介護を要する者のいる世帯数1万対

高齢者単身世帯と高齢者人口の割合

年	高齢者単身世帯	高齢者人口
平成13年	15.10%	18.40%
平成16年	19.40%	20.20%
平成19年	23.40%	21.90%

資料：国民生活基礎調査

（3）認知症高齢者の独居、老老世帯

　この2つの事象を合わせて考えると、認知症がありながら地域で独居や夫婦で暮らす高齢者が増えているということになります。アルツハイマー型認知症の場合は、病状が進行をすると一人暮らしは徐々に困難となるので、多職種による切れ目のない介護が必要となってきます。さらに進行すると、介護施設での介護と住居が一体となったサービスが必要となります。

　これら認知症高齢者、独居、あるいは老老世帯増加は、わが国が抱える課題の1つとなっています。

展望2　介護職とかかりつけ医の対応能力強化と多職種協働

　認知症高齢者に対する医療体制をつくるために、国は全国150か所の認知症疾患医療センターを整備して、認知症の人の増加問題に対応していこうと考えています。

もちろん、今後400万人以上に増加をする認知症の人を150か所のセンターで看ていくことは物理的にも無理があります。そのため、実際に認知症高齢者を看ていく、かかりつけ医と専門医の連携強化を図る専門会議の設置なども検討しています。

　認知症の医療は、かかりつけ医の診断治療や介護・福祉との連携能力を上げていき、医師と多職種の連携で地域の中で看ていくべき疾患です。その点からは、まずかかりつけ医の認知症に対する知識を強化して、診断能力や治療の能力を上げていく努力を行うべきです。

　現在、日本医師会で行われている認知症サポート医育成研修や、かかりつけ医認知症対応能力向上研修などを継続していく必要があります。ちなみに、2008（平成20）年度末現在で、同研修修了医師は21,444名でした。

　医療だけで認知症の人を看ていくわけでなく、むしろ介護のほうが生活を支えるうえでは大切ですから、介護職についても、認知症介護能力強化を目指していかなければなりません。認知症高齢者と日々向き合う介護職には、認知症の高齢者の特性をよく知っており、高いケア能力を有している人が少なくありません。職員間研修において現場の知識を共有していくことも必要でしょう。

　介護保険上のサービスとしては、小規模多機能型居宅介護が認知症の人の在宅生活を支える上での切り札的サービスとなります。新しく始まった24時間訪問介護などの活用により、切れ目のない介護保険サービスで認知症高齢者を見守っていく必要があります。

　さらに言えば、インフォーマルなサービスの充実が必要であり、市民への認知症疾患の特性などの啓蒙活動も大切です。厚生労働省が進めている認知症サポーター100万人キャラバンでは、2012（平成24）年3月末時点で認知症サポーターが330万人を超えており、地域によっては認知症サポーターが中心となって見守りや生活支援などの実践活動を展開しているところもあります。

　これらのことは、地域のつながりの再構築であり、都市部において崩壊しつつある地域社会をもう1度取り戻そうという活動に他なりま

せん。今後どこまでこれらの活動が功を奏していくのかが、わが国の将来を決めてるのではないでしょうか。介護保険に頼るだけでなく、市民の意識を変えて、地域の介護力を高めていくことも必要なことでしょう。

4 膨らむ社会保障費

課題3　膨らむ社会保障費と支える人口の減少、都市部の高齢化

(1) 厳しい財政状態

　少子高齢化による労働人口の減少は、支える側の人口の減少であり、わが国の生産力や税収の低下を意味しています。

　日本の税金収入は1990(平成2)年度の60.1兆円をピークとして減り続けていますが、歳出は年々増加をしております(**図表5-7**)。

　この穴を埋めているのが、国債などの公債であり、国と地方を合わ

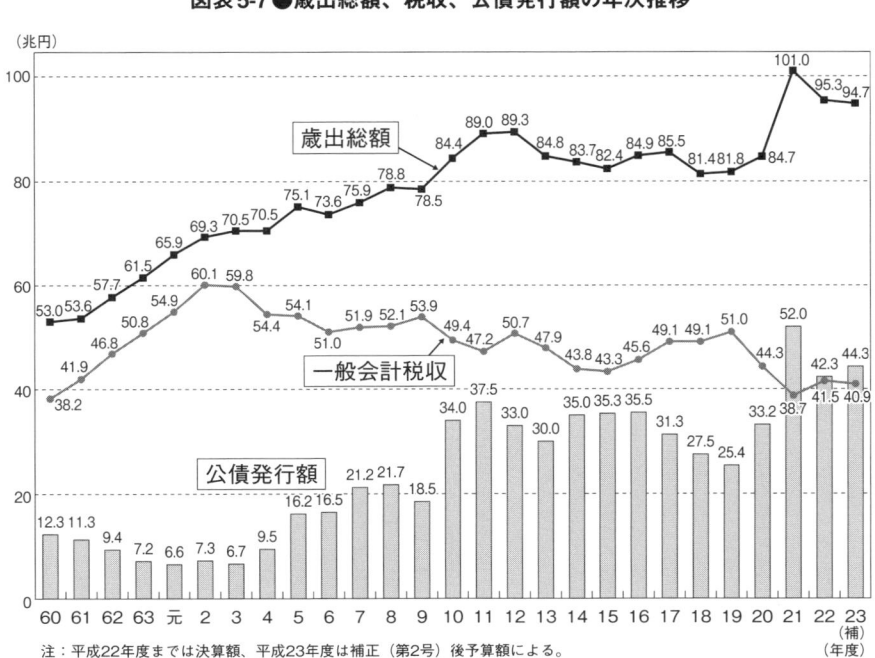

図表5-7●歳出総額、税収、公債発行額の年次推移

注：平成22年度までは決算額、平成23年度は補正（第2号）後予算額による。

資料：財務省

せて1,000兆円近い借金があります。これはわが国のGDPの2倍にも上り、先進国の中でも最悪の財政状態です。現在の年1.4％の低金利状態でも、利払いだけで年間10兆円を超えています。仮に、金利が4％程度に上昇すると、利払いだけで年間30兆円となり、社会保障費に匹敵する額となるのです。非常に厳しい財政状態にあることは間違いありません。まず、この現実をしっかりと受け止めることが必要です。

　2012（平成24）年現在、消費税を5％から10％へと上げる議論が国会でされておりますが、10％に上がったとしても一時しのぎであり、年間1兆円ずつ増えていく社会保障費をそれだけでまかなうわけにはいきません。また、消費税率を上げるには国民の理解が必要であり、十分に理解されているとは言い難い状況です。

（2）介護保険給付費・保険料の動向

　一方、介護保険の給付と負担の状況ですが、制度が始まった2000（平成12）年度は約3.2兆円の給付費でしたが、2010（平成22）年度は7.3兆円と10年で倍以上の伸びを示しています。65歳以上の人が支払う保険料の全国平均も2,911円から4,160円と約4割増加をしています（**図表5-8**）。

　2008（平成20）年に社会保障国民会議が行ったシミュレーションでは、2025年における介護保険の給付費と利用者負担を合わせた総費用は19兆円から24兆円程度に達するものと予想されています。その際の保険料は、現在の倍以上になると見込まれており、保険料の負担も重くなっていくと予想されます。

図表5-8 ●介護保険給付費・保険料の動向

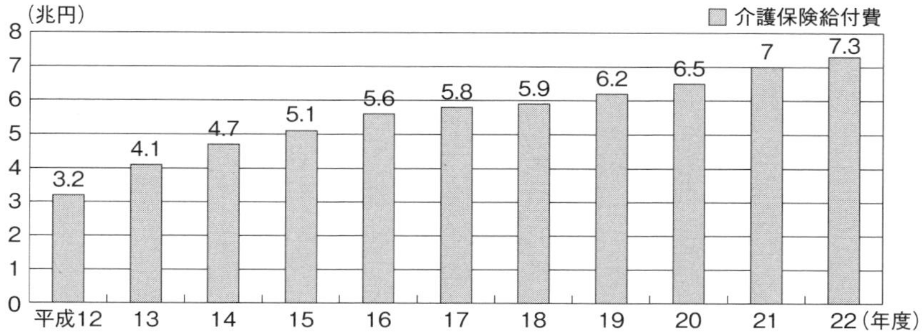

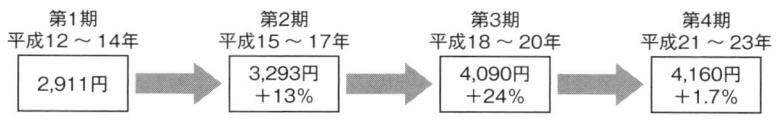

介護保険給付費（兆円）:
- 平成12: 3.2
- 平成13: 4.1
- 平成14: 4.7
- 平成15: 5.1
- 平成16: 5.6
- 平成17: 5.8
- 平成18: 5.9
- 平成19: 6.2
- 平成20: 6.5
- 平成21: 7
- 平成22: 7.3

65歳以上の人が払う保険料の全国平均の推移
- 第1期 平成12～14年: 2,911円
- 第2期 平成15～17年: 3,293円 +13%
- 第3期 平成18～20年: 4,090円 +24%
- 第4期 平成21～23年: 4,160円 +1.7%

資料：地域包括ケア研究会、地域包括ケア研究会報告書、P7

（3）都市部で進行する高齢化

　さらに、高齢化の進行は都市部において急速に進んでいきます。高齢者の増加は、全国的には2008（平成20）年から2025年までに、2,822万人から3,635万人と28.8％の増加が見込まれていますが、東京を囲む千葉県、埼玉県、神奈川県で40％以上の高い伸び率を示しており（**図表5-9**）、特に後期高齢者の増加は100％以上で（**図表5-10**）、地域のつながりの少ない都市部での高齢者増加もわが国が抱える大きな課題の1つとなっています。

図表5-9 ●65歳以上人口の都道府県別増加予測

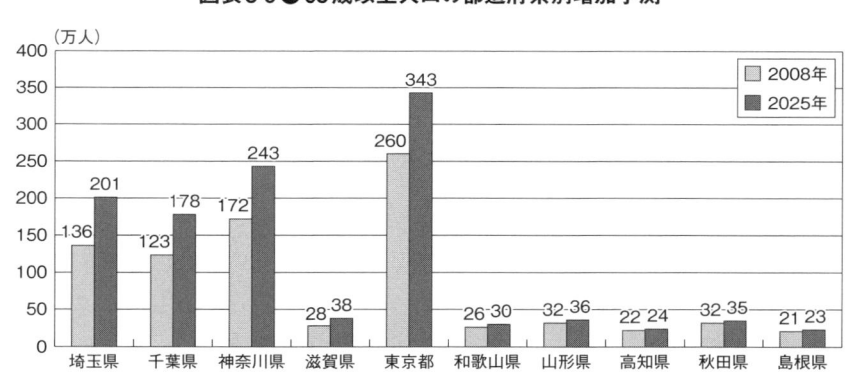

（万人）2008年／2025年
- 埼玉県: 136 / 201
- 千葉県: 123 / 178
- 神奈川県: 172 / 243
- 滋賀県: 28 / 38
- 東京都: 260 / 343
- 和歌山県: 26 / 30
- 山形県: 32 / 36
- 高知県: 22 / 24
- 秋田県: 32 / 35
- 島根県: 21 / 23

資料：総務省統計局、平成20年10月1日現在推計人口、国立社会保障・人口問題研究所、日本の都道府県別将来人口—平成19年5月推計

図表5-10 ● 75歳以上人口の都道府県別増加予測

都道府県	2008年	2025年
埼玉県	53	120
千葉県	51	107
神奈川県	72	147
大阪府	77	151
愛知県	60	115
東京都	116	206
鳥取県	6	10
秋田県	16	20
鹿児島県	24	29
山形県	17	20
島根県	12	14

資料：総務省統計局、平成20年10月1日現在推計人口、国立社会保障・人口問題研究所、日本の都道府県別将来人口―平成19年5月推計

展望3 地域包括ケアによる新しい地域づくりへ

(1) 共助から互助、自助へ

　2012（平成24）年度より始まった地域包括ケアは、公的な介護保険や医療保険サービス（共助）だけでなく、地域の人のボランティア活動（互助）、セルフケアの取り組み（自助）を有機的に組み合わせて、障害があっても地域の中で高齢者の生活を支えていこうとする試みです。

　住まいとサービスが一体化した施設ではなく、住まいと介護サービスを分離して、ケアを外部から導入することがこのシステムのポイントとなります。24時間訪問介護サービスとサービス付き高齢者向け住宅が、地域包括ケアで新しく始まったサービスです。高齢者の見守り付きの住宅を確保して、24時間切れ目のない介護サービスを利用することで、高齢者が自分の生活を自分で決めていく自己決定を尊重して、自分でできることを自分で行うという自己能力を活用し、これまでの生活を継続することを目指しています。

　これらのことは、デンマークにおける「高齢者福祉の三原則」（①生活の継続性、②自己決定の尊重、③自己能力の活用）にも当てはまることです。

高齢者の能力を活用するという点では、健康で働く意欲のある高齢者の就労の場を確保することも必要です。65歳から75歳までの前期高齢者の要介護・要支援認定者の割合は、わずかに3.1％であり、大多数の前期高齢者は健康で自立しています。労働力の確保という観点からも、高齢者の生きがいとなるような仕事を提供することは意味があるでしょう。

（2）地域に開かれた医療介護拠点

千葉大学の広井良典教授の調査によると、コミュニティの中心として期待されている場所として、医療介護拠点が学校に次いで2位となっています。それぞれの介護施設や医療施設が地域に開かれた存在であることが求められています。

最近ではグループホームなどで地域の人を含んだ夏祭りなどを行う施設も少なくないようで、地域との交流を深める意味で大切な試みです。

地域の中の多職種の人々が顔の見える関係を築き、地域のつながりを再構築していく一端を担っていくことも、街づくりの観点から重要です。公助による介護保険に頼るだけでなく、地域の人の中に専門職も積極的に関わっていき、ボランティア活動など共助を進めることも必要でしょう。

さらには、自分でできることはなるべく自分で行うという、自助の気持ちを高齢者がしっかりと持って、高齢で障害があっても暮らしていける街づくりが求められています。

そして、医療・介護福祉協働による街づくり活動とともに、公助・共助・自助を重層的に組み合わせて、公的な介護費用を抑えて、適切な給付と負担のバランスを保っていくことも、わが国の社会保障の長期的な維持のために大切です。

医療・介護福祉に関わる専門職一人ひとりがわが国の抱える現状と課題をしっかりと認識して、その解決に向けた議論と努力を重ねていくことが、今求められています。

確認問題

問題1 以下の選択肢のうち、正しいものを2つ選びなさい。

①認知症高齢者数は増加している。半数以上の認知症の人は在宅で暮らしており、今後も在宅で暮らす人数は増加していく。

②高齢者世帯は増加しており、2009年では2,013万世帯と全世帯数の約6割を占めていた。

③高齢者人口の増加と、高齢者単独世帯の増加はほぼ比例して伸びている。

④認知症高齢者への医療提供は、全国150か所の認知症疾患医療センターだけで行っていくべきである。

⑤厚生労働省の進めている認知症サポーター100万人キャラバン参加者は、2012年現在330万人を超えており、実践活動を展開している所もある。

確認問題

解答 1　①　⑤

解説 1

① ○：設問の通り。
② ×：全世帯数4,801世帯の41.9％である。
③ ×：高齢者人口の増加により、高齢者単独世帯の増加のほうが高い伸びを示している。
④ ×：認知症高齢者への医療は生活の背景をよく知っている、かかりつけ医を中心に進めていくべきである。
⑤ ○：設問の通り。地域によっては認知症サポーターが中心となって見守りや生活支援などの実践活動を行っているところもある。

MEMO

MEMO

MEMO

MEMO

MEMO

● 編著者プロフィール

● 編者・著者(第1章、第3章、第5章)

苛原　実(いらはら・みのる)

医療法人社団実幸会　理事長
1981年、徳島大学医学部卒業。日本赤十字社医療センター研修医、福島県立大学関連病院で研修後、千葉西総合病院整形外科部長。1994年、いらはら診療所を開設し、1995年、医療法人化。翌年より在宅医療を始め、2012年には機能強化型在宅療養支援診療所(有床)として申請。在宅療養支援診療所協議会監事。2011年より、NPO法人在宅ケアを支える診療所・市民全国ネットワーク会長。

● 著者(第2章)

堺　淳子(さかい・じゅんこ)

生活介護サービス株式会社業務部業務支援課総務課　課長
1997年、医療法人社団実幸会いらはら診療所入職。在宅医療部の事務、医療相談を担当。2004年、生活介護サービス株式会社へ転属。居宅介護支援事業所管理者、小規模多機能型居宅介護施設および住宅型有料老人ホームの施設長を経て、2009年より現職。

● 著者(第4章)

浅沼裕子(あさぬま・ゆうこ)

医療法人社団実幸会いらはら診療所　事務長
日本生命、運輸省(運輸政策局情報管理部部長秘書業務)非常勤職員など一般事務業務に従事。退職後医療事務の勉強をし、1993年、千葉西総合病院(医事課)入職。1996年よりいらはら診療所勤務。外来、在宅医療部で医療事務業務、介護保険制度開始と同時に関連の介護事業所の請求業務等全般にも携わる。2003年、医事課長、2009年より現職。

総監修者プロフィール

江草安彦（えぐさ・やすひこ）

社会福祉法人旭川荘名誉理事長、川崎医療福祉大学名誉学長

1926年生まれ。長年にわたり、医療・福祉・教育に従事、医学博士。旧制広島県立福山誠之館中学校卒業後、岡山医科大学付属医科専門部（現・岡山大学医学部）に進学し、勤務医を経て総合医療福祉施設・社会福祉法人旭川荘の創設に参加、85年より旭川荘の第2代理事長となる。現在は名誉理事長。川崎医療福祉大学学長（～03年3月）、川崎医療福祉大学名誉学長および川崎医療福祉資料館館長（現在に至る）。00年、日本医師会最高優功章受章、01年保健文化賞、06年瑞宝重光章、09年人民友誼貢献賞など受賞多数。

大橋謙策（おおはし・けんさく）

公益財団法人テクノエイド協会理事長、元日本社会事業大学学長

1943年生まれ。東京大学大学院教育学研究科博士課程修了。日本社会事業大学教授、大学院研究科長、社会福祉学部長、社会事業研究所長、日本社会事業大学学長を経て、2011年より現職。埼玉県社会福祉審議会委員長、東京都生涯学習審議会会長等を歴任。著書に、『地域社会の展開と福祉教育』（全国社会福祉協議会）、『地域福祉』『社会福祉入門』（ともに放送大学教育振興会）、『地域福祉計画策定の視点と実践』（第一法規）、『福祉21ビーナスプランの挑戦』（中央法規出版）ほか。

北島政樹（きたじま・まさき）

国際医療福祉大学学長

1941年生まれ。慶應義塾大学医学部卒。外科学（一般・消化器外科）専攻、医学博士。慶應義塾大学名誉教授。Harvard Medical School、Massachusetts General Hospitalに2年間留学。杏林大学第一外科教授、慶應義塾大学病院副院長、院長、医学部長を経て名誉教授。国際医療福祉大学副学長、三田病院院長を経て国際医療福祉大学学長（現職）。英国王立外科学会、アメリカ外科学会、イタリア外科学会、ドイツ外科学会、ドイツ消化器外科学会、ハンガリー外科学会名誉会員およびポーランド外科学会名誉会員。New England Journal of Medicine、World Journal of Surgery、Langenbeck's Archives of Surgeryなどの編集委員。ブロツワフ大学（ポーランド）、センメルワイス大学（ハンガリー）名誉医学博士。

介護福祉経営士テキスト　実践編Ⅱ−5
医療・介護福祉連携とチーム介護
全体最適への早道

2012年8月25日　初版第1刷発行

編著者　苛原　実
発行者　林　諄
発行所　株式会社　日本医療企画
　　　　〒101-0033　東京都千代田区神田岩本町4-14　神田平成ビル
　　　　TEL. 03-3256-2861（代）　http://www.jmp.co.jp
　　　　「介護福祉経営士」専用ページ　http://www.jmp.co.jp/kaigofukushikeiei/
印刷所　大日本印刷株式会社

©Minoru Irahara 2012, Printed in Japan　ISBN 978-4-86439-102-3 C3034　定価は表紙に表示しています。
本書の全部または一部の複写・複製・転訳載の一切を禁じます。これらの許諾については小社までご照会ください。

これからの介護・福祉事業を担う経営"人財"

介護福祉経営士テキスト

シリーズ 全21巻

総監修

江草 安彦 社会福祉法人旭川荘名誉理事長、川崎医療福祉大学名誉学長

大橋 謙策 公益財団法人テクノエイド協会理事長、元日本社会事業大学学長

北島 政樹 国際医療福祉大学学長

【基礎編Ⅰ】テキスト（全6巻）

1	**介護福祉政策概論** ――施策の変遷と課題	和田　勝	国際医療福祉大学大学院教授
2	**介護福祉経営史** ――介護保険サービス誕生の軌跡	増田雅暢	岡山県立大学保健福祉学部教授
3	**介護福祉関連法規** ――その概要と重要ポイント	長谷憲明	関西国際大学教育学部教授・地域交流総合センター長
4	**介護福祉の仕組み** ――職種とサービス提供形態を理解する	青木正人	株式会社ウエルビー代表取締役
5	**高齢者介護と介護技術の進歩** ――人、技術、道具、環境の視点から	岡田　史	新潟医療福祉大学社会福祉学部准教授
6	**介護福祉倫理学** ――職業人としての倫理観	小山　隆	同志社大学社会学部教授

【基礎編Ⅱ】テキスト（全4巻）

1	**医療を知る** ――介護福祉人材が学ぶべきこと	神津　仁	特定非営利活動法人全国在宅医療推進協会理事長／医師
2	**介護報酬制度／介護報酬請求事務** ――基礎知識の習得から実践に向けて	小濱道博	介護事業経営研究会顧問
3	**介護福祉産業論** ――市場競争と参入障壁	結城康博　早坂聡久	淑徳大学総合福祉学部准教授　社会福祉法人柏松会常務理事
4	**多様化する介護福祉サービス** ――利用者視点への立脚と介護保険外サービスの拡充	島津　淳　福田　潤	桜美林大学健康福祉学群専任教授

【実践編Ⅰ】テキスト（全4巻）

1	**介護福祉経営概論** ――生き残るための経営戦略	宇野　裕	日本社会事業大学専務理事
2	**介護福祉コミュニケーション** ――ES、CS向上のための会話・対応術	浅野　睦	株式会社フォーサイツコンサルティング代表取締役社長
3	**事務管理／人事・労務管理** ――求められる意識改革と実践事例	谷田一久	株式会社ホスピタルマネジメント研究所代表
4	**介護福祉財務会計** ――強い経営基盤はお金が生み出す	戸崎泰史	株式会社日本政策金融公庫国民生活事業本部融資部専門調査役

【実践編Ⅱ】テキスト（全7巻）

1	**組織構築・運営** ――良質の介護福祉サービス提供を目指して	廣江　研	社会福祉法人こうほうえん理事長
2	**介護福祉マーケティングと経営戦略** ――エリアとニーズのとらえ方	馬場園　明	九州大学大学院医学研究院医療経営・管理学講座教授
3	**介護福祉ITシステム** ――効率運営のための実践手引き	豊田雅章	株式会社大塚商会本部SI統括部長
4	**リハビリテーション・マネジメント** ――QOL向上のための哲学	竹内孝仁	国際医療福祉大学大学院教授／医師
5	**医療・介護福祉連携とチーム介護** ――全体最適への早道	苛原　実	医療法人社団実幸会いらはら診療所理事長・院長
6	**介護事故と安全管理** ――その現実と対策	小此木　清	弁護士法人龍馬　弁護士
7	**リーダーシップとメンバーシップ、モチベーション** ――成功する人材を輩出する現場づくりとその条件	宮野　茂	日本化薬メディカルケア株式会社代表取締役社長

※タイトル等は一部予告なく変更する可能性がございます。